Um padre
à procura
de sentido

Dados Internacionais de Catalogação na Publicação (CIP)
(Câmara Brasileira do Livro, SP, Brasil)

Wilmer, Heiner
  Um padre à procura de sentido / Heiner Wilmer ; tradução de Markus A. Hediger. – Petrópolis, RJ : Vozes, 2023.

  Título original: Gott ist nicht nett
  ISBN 978-65-5713-726-0

  1. Experiências – Relatos 2. Fé (Cristianismo) 3. Igreja Católica 4. Padres – Biografia 5. Padres – Vida religiosa 6. Vida cristã 7. Wilmer, Heiner I. Título.

22-133925   CDD-282.092

Índices para catálogo sistemático:
1. Padres católicos : Biografia e obra   282.092

Aline Graziele Benitez – Bibliotecária – CRB-1/3129

HEINER WILMER

Um padre à procura de sentido

TRADUÇÃO DE
Markus A. Hediger

Petrópolis

© 2015, 4ª edição, Verlag Herder GmbH, Freiburg im Breisgau.

Tradução realizada a partir do original em alemão intitulado *Gott ist nicht nett – Ein Priester auf der Suche nach dem Sinn*, Heiner Wilmer.

Direitos de publicação em língua portuguesa – Brasil:
2023, Editora Vozes Ltda.
Rua Frei Luís, 100
25689-900 Petrópolis, RJ
www.vozes.com.br
Brasil

Todos os direitos reservados. Nenhuma parte desta obra poderá ser reproduzida ou transmitida por qualquer forma e/ou quaisquer meios (eletrônico ou mecânico, incluindo fotocópia e gravação) ou arquivada em qualquer sistema ou banco de dados sem permissão escrita da editora.

CONSELHO EDITORIAL

Diretor
Volney J. Berkenbrock

Editores
Aline dos Santos Carneiro
Edrian Josué Pasini
Marilac Loraine Oleniki
Welder Lancieri Marchini

Conselheiros
Elói Dionísio Piva
Francisco Morás
Gilberto Gonçalves Garcia
Ludovico Garmus
Teobaldo Heidemann

Secretário executivo
Leonardo A.R.T. dos Santos

Editoração: Thaís Costa
Diagramação: Daniela Alessandra Eid
Revisão gráfica: Alessandra Karl
Capa: Editora Vozes

ISBN 978-65-5713-726-0 (Brasil)
ISBN 978-3-451-06534-7 (Alemanha)

Este livro foi composto e impresso pela Editora Vozes Ltda.

Dedicado àqueles que buscam

Sumário

1 Por quê?, 9
2 O cão crucificado, 19
3 *Anima Christi*, 23
4 Imaginação não basta, 25
5 A mãe de todos os medos, 33
6 De repente estou livre, 39
7 Iluminação à beira do abismo, 51
8 A pior tentação, 61
9 Amor e ira, 67
10 Sou eu quem bate, 71
11 Houve química entre nós, 85
12 O mal é contagioso, 95
13 Quero ouvir o meu nome, 113
14 Tridimensional, 119
15 Obrigado pelo macarrão, 127
16 Deus não pode ser cínico, 145
17 Prostrado, 161

Agradecimentos, 179

1
Por quê?

* * *

Não aguento mais ouvir tudo aquilo que sempre dizem sobre Jesus. "O bom pastor, que cuida das ovelhas", "Jesus, o homem de Nazaré, o reformador, que há dois mil anos ensinou grandes coisas", "Jesus, que quer ser o seu amigo".

Conheço essas descrições, conheço a retórica usada nas missas. Talvez você também seja um daqueles que, se for bem sincero consigo mesmo, precisa esconder um bocejo quando, mais uma vez, falam sobre quem era o homem Jesus.

Sei disso muito bem, sou padre. Ouço minhas homilias todos os domingos, estou intimamente familiarizado com os meus pensamentos sobre Jesus e, às vezes, fico me observando e ouvindo enquanto rezo e percebo como falo frases feitas e palavras vazias para um lugar qualquer – para o céu, para a escuridão. Curiosamente, Deus suporta isso. Seria totalmente compreensível e plausível, se Ele me interrompesse e dissesse: "Heiner, me perdoe, mas não aguento mais ouvir as suas frases – ou você diz algo relevante ou eu desisto". Mas Ele não faz isso.

O que cansa no sacerdócio não é o fato de eu ter que me esconder constantemente das tentações, de mulheres bonitas. Também não é o fato de ter que ficar ouvindo o tempo todo as lamúrias, as preocupações e as necessidades dos idosos. O que cansa é que todo o meu ofício, todo o sentido da minha vida se fundamenta nesse Jesus, quando perco de vista o seu significado. Se Jesus não tivesse existido, talvez eu seria um camponês, casado, pai de cinco filhos e dono de uma casa tradicional em alguma região rural da Alemanha.

Toda a minha vida, cada carta que escrevo em função da minha profissão, o meu almoço, a impressora que adquiro, o sistema hidráulico que precisa ser consertado, a passagem de trem que preciso comprar para cumprir os compromissos da minha congregação – eu sou superior provincial (um líder regional da minha ordem) e viajo muito – tudo isso se fundamenta em Jesus, sem o qual ninguém aqui – incluindo a mim mesmo – teria um trabalho, sem Ele essa congregação nem existiria.

E o que cansa é que, às vezes, eu me esqueço disso. E quando volto a me lembrar, preciso percorrer um longo caminho intelectual para reencontrar esse sentido. Um exemplo: ligo para o técnico, que há três semanas prometeu consertar a nossa internet e ainda não apareceu. Eu desligo o telefone e penso: "Para que todo esse estresse?", e então eu mesmo tento conectar o roteador para estabelecer a conexão com a internet e ele não funciona. Logo aparece um confrade na porta e pergunta: "Heiner, o que você está fazendo debaixo da mesa?", nem sempre é fácil responder: "Faço isso em nome de Jesus".

Se eu tentasse justificar essa afirmação, eu diria algo como: "Precisamos da internet para manter o contato com o mundo" ou "precisamos manter o contato com o mundo para podermos anunciar o Evangelho. Devemos anunciar o que um homem disse e fez há dois mil anos, devemos fazer isso porque... por que mesmo?"

Entrei na Congregação dos Sacerdotes do Sagrado Coração de Jesus aos 19 anos de idade. Aos 19 anos! Já passei mais da metade da minha vida nessa vocação. E ainda me lembro das dúvidas que eu tinha antes de entrar nela. Eu tinha medo de que poderia dar errado. De que não encontraria o meu lugar na congregação.

Foi aí que conheci o Johann.

Quando ele gesticulava com os braços e usava todo o seu corpo para reforçar os seus argumentos, a sua camisa sempre saia das calças. Numa mão, ele segurava o cigarro, na outra, uma cerveja, seus cabelos pretos estavam sempre desarrumados e seus olhos por trás dos óculos de metal soltavam faíscas enquanto suas sobrancelhas executavam uma dança vigorosa – era assim que eu o via todas as noites sentado à minha frente.

Johann, era um jovem belga que acabara de completar 18 anos. Estávamos discutindo sobre Camus e Sartre, às vezes ele também discursava sobre filosofia da linguagem, uma disciplina que ele tinha acabado de descobrir. Eu não entendia nada, era visitante e Johann estava no mosteiro.

Alguns meses antes, Johann tinha entrado na Congregação dos Sacerdotes do Sagrado Coração de Jesus em Freiburg, e passamos a primeira noite juntamente com outros noviços e religiosos jovens na "sala" do mosteiro da ordem (num mosteiro, a sala é chamada de recreação ou sala de recreio).

Não, eu não conseguia entender como uma pessoa desse tipo fosse capaz de entrar para um mosteiro. Eu estava fascinado. Ele tinha a minha idade e tinha entrado na ordem logo após o ensino médio (que, na Bélgica, termina depois do 12º ano letivo). Como alemão, eu ainda cursaria o 13º ano. Havia tempos que eu estudava a possibilidade de me tornar um religioso. Mas sempre surgia alguma ressalva: Eu suportaria o celibato? Eu conseguiria viver sem esposa, sem filhos? Eu era filho de uma família grande e sempre tinha sonhado com formar a minha própria família, com muitos filhos, mas mesmo assim, a vida religiosa me fascinava. Alguma coisa me atraía para ela. Eu conhecia alguns religiosos que viviam no mosteiro, e achava interessante o trabalho com as pessoas – mas havia outra coisa que me atraía mais ainda, mas que eu não conseguia identificar.

Minhas ressalvas não se limitavam ao celibato. Eu conseguiria ser fiel na oração? Conseguiria passar tanto tempo na igreja? Todos os dias e não só durante as missas? Eu já costumava rezar e ir à igreja aos domingos, mas imaginava que os religiosos precisavam estar sempre prontos para a oração, que precisavam ter sempre pensamentos piedosos e eu não sabia se conseguiria fazer isso. E, bem, havia também a conduta dos religiosos. Eu sempre achava que os religiosos se comportavam de forma muito nobre. Eles não andavam, eles caminhavam sobre nuvens. Quando falavam, falavam sempre em frases completas. E quando comiam, sempre usavam guardanapo, mantinham ambas as mãos sobre a mesa e os cotovelos colados no corpo. Eu não sabia se isso era consequência das orações ou se eles haviam sido educados daquele jeito, eu só sabia que eu era diferente. Comparado com o comportamento sóbrio dos religiosos, eu era selvagem e pouco convencional. Não vou dizer que eu era mal-educado, mas faltava pouco.

E agora Johann, um sujeito desse tipo na vida religiosa, sem frescuras clericais, um cara legal que discutia passionalmente e cheio de humor. Como ele teve coragem de entrar no mosteiro? Logo ele, com os seus modos nada convencionais? – foi o que me perguntei na primeira noite e também nos dias seguintes. Os encontros com Johann me deixavam sem argumentos e dissolveram todas as minhas dúvidas. Se ele estava aqui, então eu também teria a chance de entrar no mosteiro e começar o noviciado. E foi o que fiz.

Um ano depois, eu também estava no noviciado, que na época durava dois anos. Johann estava no segundo ano; eu, no primeiro. Foi um tempo intenso. Continuamos nossas discussões intensas, agora com outros dois noviços e o mestre dos noviços. Então veio o dia 2 de fevereiro, um dia que nunca esquecerei. Algumas semanas antes, Johann parecia mudado, mas eu não conseguia dizer como e por quê. Por fora, ele parecia ter perdido sua vitalidade, mas por dentro ele parecia estar mais inquieto. Na véspera do dia 2 de fevereiro, ele me procurou. Perguntou se eu poderia lhe emprestar uma mala. – Uma mala? – Sim, no dia seguinte ele deixaria o mosteiro, a ordem. Essa vida não era para ele.

Aquilo me assustou. Fiquei sem palavras. Como ele podia fazer isso? Simplesmente ir embora? Tentei discutir com ele. "Você não deveria tomar essa decisão agora. Precisamos conversar!"

"Não", ele respondeu, "você não vai conseguir me convencer, eu já tomei minha decisão. Amanhã irei embora".

Não fechei um olho naquela noite.

Ir embora. Simples assim. Eu estava chocado, estava decepcionado, frustrado... Por que ele não tinha conversado comigo antes? Era como se eu estivesse paralisado porque não havia nada que eu pudesse fazer. Era como o se chão abrisse sob meus pés. E a promessa que ele tinha feito?

Claro, ele ainda não havia professado os votos. Eu sabia que, durante o noviciado, o noviço pode deixar o noviciado quando quisesse (ou pode ser demitido pelo seu mestre). Mas quando Johann pediu que fosse admitido como noviço, ele tinha rezado publicamente: "Eu quero seguir Cristo que, pobre e celibatário, redimiu o mundo por meio de sua obediência ao Pai até a morte na cruz". Johann tinha discutido essa questão com Jesus? Ele tinha rezado? Parecia-me que ele estava escolhendo o caminho mais fácil, que ele estava sendo covarde ou fraco demais para suportar um período de seca. Para mim, o que ele estava fazendo era uma traição. Eu queria agarrá-lo, sacudi-lo e gritar: "Acorde!"

Mais tarde, outros entraram. Alguns deles também foram embora, saíram do mosteiro. Eu testemunhei como alguns que já haviam professado os votos eternos, que tinham prometido dedicar toda a sua vida a Deus em obediência, pobreza e celibato, abandonaram a vida religiosa. Entre eles havia padres – colegas de faculdade que, depois de alguns anos, desistiram do sacerdócio. Alguns passaram a viver com uma mulher, alguns, com um homem, um deles invadiu um casamento e tirou o marido da esposa, outro foi embora, não por causa de um relacionamento, mas porque não aguentava a pressão do sacerdócio, das missas, das conversas com as pessoas, da responsabilidade – tudo isso foi demais para ele. Não resistiu à pressão psicológica. Um ou outro também foi embora porque não conseguia se submeter aos superiores da ordem.

Alguns anunciaram sua partida, outros já revelavam por meio de sua postura e de seu comportamento que não estavam bem, que estavam infelizes. Alguns desapareceram durante a noite, como se tivessem saltado o muro do mosteiro às escondidas. Desapareceram. Sumiram. Parecia-me que eles estavam abandonando tudo. Para mim, era como se estivessem cometendo uma traição, um divórcio na escuridão da noite. Às vezes, eu me irritava, às vezes, ficava profundamente decepcionado. Algumas decisões me impressionaram e me impuseram respeito, outras foram mesquinhas, simplistas. Em alguns casos, e eu admito isso, eu pensei: Ainda bem – qualquer outra decisão teria resultado numa catástrofe.

Quando alguém tirava a batina, quando alguém abandonava o caminho da ordem ou do sacerdócio, isso me confrontava com perguntas.

"E quanto a mim? Eu vou ficar?", eu me perguntava, "até quando? Será que, um dia, eu também não vou mais aguentar? E o que acontecerá se eu também for embora? Jesus me perguntará se também pretendo ir embora?"

Eu acredito que confrades que saem da ordem têm que se justificar perante Deus. Acredito que têm que persistir perante a sua consciência. Em primeiro lugar não está a norma, um princípio moral fundamentado num ideal, por melhor que seja. Em primeiro lugar está a consciência de cada um. Mesmo assim, a promessa que fiz me confronta. Para sempre. Por toda a vida.

As minhas palavras de então, quando, aos 24 anos de idade, eu professei os meus votos: "Para a glória de Deus, o Pai, motivado pelo desejo de me dedicar completamente a Ele, como dádiva que lhe agrada e de seguir Cristo por toda a vida; eu, Heiner Wilmer, professo, na presença dos confrades aqui reunidos, e nas mãos do provincial, os votos eternos do celibato, da pobreza e da obediência de acordo com as constituições da comunidade da Congregação dos Sacerdotes do Sagrado Coração de Jesus. Entrego-me de todo coração a esta família, para que eu, com a graça do Espírito Santo e com a ajuda da Santíssima Virgem Maria, alcance no serviço a Deus e à Igreja o perfeito amor".

Tudo que veio depois se referia a esses votos. Tudo que eu estudei e fiz. E é exatamente isso que cansa tanto; o fato de que a metade da minha vida se ergue sobre Jesus Cristo, até nos mínimos detalhes, e de que, repetidamente, mesmo que eu seja um "Sacerdote do Sagrado Coração de Jesus" e conviva com isso todos os dias, eu perco de vista o sentido ou a sensibilidade por Jesus.

Quero permanecer um religioso, um membro da ordem. Eu desejo isso. Mas a vida e as circunstâncias dos outros me mostram que a realidade de uma promessa, que a vida de quem emite os votos, não consiste simplesmente em dizer: eu dedico toda a minha vida e pronto.

Minha vida permanece um questionamento. Não o tempo todo, mas sempre de novo. Sinto que eu, como religioso, sou – por conta própria – incapaz de manter um relacionamento permanente com Deus. Sozinho eu não consigo.

É claro, em determinadas situações há uma atenção maior. Não posso me fingir de cego e brincar com o fogo ingenuamente quando se trata de erotismo ou sexualidade. É evidente também que preciso de bons amigos, nos quais eu posso confiar dentro e fora do mosteiro, com os quais eu me dou bem e mantenho uma troca de ideias e experiências. É certo que preciso de uma boa comunidade que me sustenta e que eu também apoio e na qual eu invisto as minhas forças. Devo também cultivar a minha vida de oração e analisar a minha vida com a ajuda de outro religioso ou de um padre. E, a fim de viver num equilíbrio, eu preciso ler, interessar-me por literatura, arte e música, e cuidar da minha saúde e do meu corpo.

Tudo isso é verdade. Mas não basta.

É pouco demais.

Como já mencionei, entrei na Congregação dos Sacerdotes do Sagrado Coração de Jesus aos 19 anos de idade. Mais da metade da minha vida se fundamenta na fé nesse Cristo – cada e-mail que escrevi, os meus estudos para os exames teológicos, as minhas paixões, quando, apesar de tudo, eu me apaixonava durante a faculdade, a minha raiva contra as autoridades dos superiores da ordem quando eles frustravam os meus planos, todos os lápis que comprei, a gasolina que gastei, a solidão que sofri no meio dos confrades, a alegria, a irritação, o estresse, as camisas passadas, tudo. Desde meus 19 anos de idade. Há mais de trinta anos.

Aos domingos, falo sobre o Filho de Deus e tento fazê-lo sempre de um jeito novo e inusitado – isso também é cansativo. Estou no púlpito, ouço a minha voz ecoando pela igreja meio-vazia, vejo os rostos das pessoas que talvez estão se sentindo como eu, que estão sentadas ali e que também desejam ser inflamadas, despertadas, que gostariam de sentir que Jesus *realmente* é importante para mim – e percebo que eu cuspo frases vazias, assim como eu fazia como aluno nas aulas de alemão para tirar uma nota boa, para demonstrar algum interesse ao professor, apesar de não me importar com aquilo que B. Brecht exigia de seu público.

Isso é cansativo. As aulas de alemão terminam. Minha fé em Deus, não. Eu devo e quero falar com e sobre Jesus. Sinto um anseio por esperar por Jesus. Eu devo e quero conversar com Ele, mas às vezes isso exige muita energia. Acredito que algo semelhante ocorre com pessoas que se encontram num relacionamento e se veem obrigadas a dizer "eu te amo" mesmo quando não sentem isso ou (assim suponho) quando devem beijar o parceiro, mesmo quando não sentem nenhuma paixão pelo outro.

2
O cão crucificado

* * *

Um museu em Munique, exposição itinerante com arte moderna. Passeio pelas salas com um monge dominicano, amigo meu. Numa das salas, reconheço de longe algo que parece ser um retábulo. Um tríptico. No meio, a imagem central, cercada por dois painéis adicionais. O fundo da imagem é escuro. Eu me aproximo, pensando que deve ser mais uma daquelas imagens que já vi tantas vezes. Uma das muitas cenas da paixão de Jesus que – como católico e ainda mais como padre – conheço tão bem.

Mas não é isso. É uma crucificação, sim. Mas não a crucificação de Jesus. O que está pendurado na cruz me escandaliza. Não é uma pessoa, não é Jesus. É um cachorro, abandonado em sangue, pregado na cruz de cabeça para baixo. A língua pende da boca e cobre as patas dianteiras. O olho morto, mas arregalado, como se ainda conseguisse me enxergar. As patas traseiras estão separadas, pregadas na madeira de tal modo que consigo ver claramente os testículos, que estão ocupando o lugar exato em que costumamos ver a cabeça de Jesus. Os testículos pendem para a frente e para o lado, já sem nenhum vigor, igual à cabeça de Jesus.

Estou escandalizado e fico de boca aberta, parado diante do quadro. Repugnante, penso. Que impertinência! Que coisa de mau gosto! É como se um sadista tivesse se divertido com um cachorro, prazer na tortura, prazer no sofrimento alheio. E, sobretudo, prazer no mau gosto. E isso pretende sugerir arte religiosa?

A imagem do cão crucificado com os testículos caídos não é apenas repugnante, é blasfêmia. "Isso não se faz", penso. Isso é um afronto a todos. Como um museu pode confrontar o espectador com esse tipo de imagem sem nenhum alerta? É um tapa na cara.

Naquele momento, fiquei sem palavras.

Mas durante aqueles minutos na frente do quadro, de repente, o pavor causado pela imagem se transformou em pavor de mim mesmo, porque percebi que, pela primeira vez na minha vida, a imagem de uma crucificação me enchia de repulsa.

Tente imaginar. Eu havia me tornado padre, havia professado votos em nome desse Jesus, eu rezava a Ele todos os dias, tinha prometido a Ele que tomaria sobre mim a minha cruz, que o seguiria e, no entanto, eu nunca, *nunca* havia realmente *visto* a cruz e o crucificado. Até então, eu nunca tinha percebido a humilhação e a crueldade, o aviltamento e a aberração da cruz tanto quanto nessa imagem.

Percebi o quanto a minha imagem de Jesus estava desgastada e desbotada. Ela havia se tornado suave, pálida demais para que eu conseguisse justificar por que eu tinha erguido mais da metade da minha vida sobre essa imagem. Eu havia crescido com imagens de crucificações, meu vilarejo estava cheio delas: na igreja, à beira da estrada, na nossa casa, até no meu quarto, o Cristo com as mãos trespassadas olhava para mim.

Eu havia crescido com a imagem, mas era a imagem de um crucificado bonito, se é que posso usar essas palavras – de um homem forte, cujo corpo ainda tinha uma forma, um corpo que não sangrava e cuja língua não pendia da boca entreaberta. Não, era um Cristo limpo, vistoso, de madeira, talhado em Oberammergau, um presente para a Confirmação. As pessoas colocavam vasos com flores cheirosas diante dos crucifixos. Às vezes, também uma vela. E o povo tinha orgulho desses crucifixos. Eram preciosos.

Não me lembro de quanto tempo passei diante daquela imagem no museu. A sensação de revolta e escândalo me dominava. O fato de que um cão crucificado me escandalizava mais do que um ser humano crucificado não era algo do qual eu me orgulhava. A cruz é o símbolo da minha fé – e eu começo a chorar quando vejo um cachorro e não Cristo pendurado nela!

Em algum lugar no meu íntimo, percebi uma inquietação. A sensação de que algo estava errado na frente daquela imagem, e eu ainda não conseguia dizer o que era, mas percebia nitidamente: havia algo de errado com a minha fé, a minha visão da cruz de Jesus – de Jesus em si. Para mim, Jesus havia sido o bom Pastor, que conduz suas ovelhas para pastos verdejantes e para o repouso junto a águas calmas. Com sua vara e seu cajado, Ele guia seu rebanho, o conduz por vales escuros e o protege quando o lobo se aproxima.

Para mim, Jesus havia sido o curador, que cuida dos leprosos, dos paralíticos. Para tocá-lo, as pessoas abriam telhados, pelo buraco no teto o enfermo descia até chegar aos pés de Jesus.

Para mim, Jesus havia sido o pregador itinerante, que viajava por vales e montanhas com os seus discípulos e lhes falava dos pássaros no céu e dos lírios no campo, e lhes ensinava que não deviam se preocupar sem necessidade.

Para mim, Jesus havia sido um homem especial, simplesmente porque era bom com todos e porque era o Filho de Deus, mas também um pouco *hippie*, e até mesmo na cruz Ele tinha sido a pura expressão do amor e alguém que havia sido redimido e ressuscitado.

Nem posso dizer que esse momento no museu, essa cena cruel, tenha provocado uma experiência religiosa em mim. Isso não aconteceu. Eu cresci numa fazenda, vi muitas galinhas decapitadas correndo pelo pátio. Sentir-se chocado não é um sentimento fundamentalmente religioso. O que me abalou não foi o fato de eu finalmente ter me dado conta da brutalidade daquela tortura. Não. Mas a realidade doce em que Jesus tinha se transformado para mim – esse ser etéreo, delicado e intocável – aquela imagem a expôs.

Durante alguns momentos, eu me senti um completo idiota. Talvez aquela imagem tenha sido o gatilho que me fez perceber que faltava algo em meu relacionamento com Jesus. Só quando vi aquele cachorro maltratado, eu me escandalizei diante daquilo que somos capazes de fazer com uma criatura. Só então senti repulsa diante daquilo que o ser humano fez com o Filho de Deus e o que Deus permitiu que fizéssemos com Ele.

3
Anima Christi

* * *

Como padre, eu celebro a missa. Ao contemplar o cão crucificado no museu, eu me peguei pensando que eu ou tinha esquecido ou nunca tinha percebido de verdade que, todos os dias, eu repito estas palavras durante a missa: "Isto é o meu corpo que será entregue por vós... Isto é o meu sangue que será derramado por vós" – e que eu não tinha nenhuma relação interior com esse corpo ensanguentado. Aquilo que eu celebro na missa não fala só do céu, do amor e da redenção, mas fala também dos nossos abismos.

Decido contemplar todo esse horror de Jesus. Não num nível abstrato, mas da forma como se apresenta de imediato. No nível que se apoderou de mim quando vi o cachorro no museu – no nível natural. Nisso, eu me deparo com uma antiga oração que eu já recitei quando criança – sem me lembrar daquilo que senti na época. Ela se chama *Anima Christi,* "Alma de Cristo". Essa oração não é moderna. Em um primeiro momento, ela é repugnante, alguns a considerarão antiquada por causa do seu jeito arcaico de contemplar as feridas e o sangrar de Deus.

> Alma de Cristo, santificai-me.
> Corpo de Cristo, salvai-me.
> Sangue de Cristo, inebriai-me.
> Água do lado de Cristo, lavai-me
> Paixão de Cristo, confortai-me.
> Ó bom Jesus, ouvi-me.
> Dentro das vossas chagas, escondei-me.
> Não permitais que eu me separe de Vós.
> Do inimigo maligno defendei-me.
> Na hora da minha morte, chamai-me.
> Mandai-me ir para Vós,
> Para que vos louve com os vossos santos
> Pelos séculos dos séculos.
> Amém.

Acreditar nesse Deus abatido é escandaloso, é tolice. E é por isso que quero escrever sobre esse Deus sacrificado e me aprofundar nessa oração para refletir sobre ela em voz alta.

As feridas de Jesus já foram comparadas com rubis. Talvez eu deva começar pelo sangue líquido de Jesus, pelas suas feridas reais para chegar ao ponto em que poderemos falar do brilho dos rubis. Eu anseio pelo brilho da fé – como eu já mencionei, mais da metade da minha vida se baseia nisso.

4
Imaginação não basta

* * *

Alma de Cristo, santificai-me.

Existem coisas que possuímos, mas das quais não conseguimos nos livrar tão facilmente. Nós as temos, sim, mas apenas pela metade. O amor é uma dessas coisas.

Quando o temos, não podemos mandar nele o tempo todo nem trancá-lo em um cofre. De um lado, isso é bom, de outro, isso torna tudo bem mais complicado. Ainda me lembro das palavras de uma prima que, quando éramos adolescentes, se apaixonou por um garoto, namorou com ele e, depois de alguns meses, foi largada por ele. No dia em que ele lhe disse que não a amava mais, ela tentou controlar o amor que ela sentia. Ele não queria o amor dela, então o que ela deveria fazer com o seu amor? Depois de algumas semanas de sofrimento, ela estava tão desesperada que disse: "Para que me serve esse amor inútil? Ele só me tortura e não me deixa em paz, e não consegui mandá-lo embora, mesmo que lhe diga todos os dias: 'vá, desapareça!'"

A vida é assim. Existem coisas que temos, mas que não estão completamente em nossas mãos. Todas as coisas grandes são assim. A nossa vida não está em nossas mãos. Mesmo podendo influenciá-la, não dispomos completamente dela. O amor é assim, e existe outra coisa importante sobre a qual diremos que deveria nos pertencer: a nossa alma.

Dizemos: "a minha alma, ninguém pode tirá-la de mim. Podem cortar-me fora um braço, limitar minha liberdade, podem me desfigurar, mas ninguém pode roubar a minha alma. Nem mesmo partes dela. A minha alma não pode ser desmembrada, ela sempre permanecerá inteira, íntegra, mesmo que seja profundamente ferida".

Como devemos imaginar essa alma? Como algo totalmente puro, que vive e respira dentro de mim e que, mesmo que eu cometa alguma coisa terrível, permanecerá intocada por isso? Não, não é bem assim. Pelo menos não na fé cristã. Os cristãos não acreditam que a alma se encontra em algum lugar dentro de mim e que ela está presa neste meu corpo, que me seduz a praticar coisas ruins. Não, nós somos a nossa alma. Nossa alma impregna o nosso corpo. Nossas ações são ações da nossa alma. É claro que somos seduzidos por coisas externas, é claro que existem ataques – quando alguém me bate, eu sinto o desejo de devolver o golpe, mas esse desejo não é mero "instinto", ele não está apenas na mão, ele não está desconectado da alma. As minhas ações, os meus pensamentos e os meus sentimentos tocam a alma e provêm dela. Quando bebo água e ela desce pela minha garganta, ela escorre também pela minha alma.

E vice-versa: quando um fardo pesa sobre minha alma durante anos, meu corpo pode realmente desenvolver um problema de postura. Em termos psicossomáticos, dizemos: corpo e alma formam uma unidade.

Alma de Cristo, santificai-me. Essa é a primeira afirmação da oração que quero aprender a rezar. Jesus possuía uma alma? Pergunto-me. Pergunta difícil. Nunca refleti sobre isso. A Bíblia afirma sobre a minha alma, que ela foi criada. Sobre Jesus, afirmamos: Ele não é apenas homem, mas também o filho de Deus, veio de Deus, luz que veio da luz. Isso significa que ela só assumiu um corpo, e dentro dele ardia uma luz divina? Acredito que não. Ele era homem com corpo e alma, Ele nasceu com uma vida que Ele podia perdê-la.

Por que a oração quer que eu clame pela alma de Cristo? Por que não dizemos simplesmente: "Jesus, por favor..."? Quando reflito sobre a alma de Jesus, a primeira coisa que faço é procurar alguma diferença entre a alma dele e a minha. Tendo a imaginar a minha própria alma como totalmente *pura*. Sei que, muitas vezes, essa expressão é interpretada no sentido de "intocado" e "imaculado", mas, aqui, neste contexto, isso não me parece tão importante. Entendo "puro" mais no sentido de *claro*. Não tenho uma noção muito nítida da minha própria alma. Ela não é transparente para mim. Às vezes, tenho a impressão de que as pessoas que me amam já viram mais de mim do que eu mesmo. Quando falo da *alma pura* de Jesus, estou me referindo à clareza, a uma água cristalina. Água profunda e clara – não uma água destilada, não uma água sem minerais, não sem um pouco de areia, não estéril, mas maravilhosamente clara e fresca. Jesus deve ter sido o único que conseguia enxergar o fundo da sua alma, a despeito da profundidade, e o que Ele viu foi a face do Pai.

Eu não sei o que nós veríamos se conseguíssemos enxergar até o fundo. Algumas pessoas sentem um amor infinito quando conseguem enxergar o fundo da alma de outra pessoa – mesmo assim não conseguem expressar em palavras o que foi que tiveram o privilégio de ver. Pessoas que amam veem algo.

Jesus viu o Pai. "Quem me vê, vê o Pai", Ele disse, e eu não sei se, naquele momento, Ele estava ciente de quão claro e nitidamente o Pai brilhava no fundo de sua alma, visível para todos. Pois quando Jesus estava pendurado na cruz e gritou: "meu Pai, meu Pai, por que me abandonaste?", quando as águas escureceram e a superfície se agitou, de modo que Ele não conseguia mais enxergar o fundo e a face do Pai se ocultou dele, um soldado exclamou: "Este homem era o Filho de Deus". Ele deve ter reconhecido o brilho sob as ondas agitadas, mesmo que Jesus não o tenha conseguido enxergar naquele momento.

Alma de Cristo, santificai-me.

Quando ouço a palavra "santo", volto a pensar em pureza. "Uma mulher santa"; todos que ouvem essa expressão, acreditam ter entendido rapidamente que se trata de uma mulher que leva uma vida casta e virtuosa, livre de qualquer pecado. Casto, virtuoso e ético – essas são qualidades boas, mas não acredito que seja fácil desenvolver um desejo sincero por elas.

Por nove anos, fui diretor de uma escola de ensino médio. Muito provavelmente, meus ex-alunos revirariam os olhos e talvez até diriam a Deus em silêncio: "por favor, se isso significa ser assim, por favor, não permite que eu me torne uma pessoa santa tão entediante quanto ele".

Mas santidade não significa perfeição. Uma pessoa santa não é uma pessoa sem sombra que vive flutuando nas nuvens com os olhos voltados para o céu. A palavra hebraica para "santo" é *kadosh*. E em sua tradução literal significa "o totalmente outro". Aquele que reza: "santificai-me" está pedindo: "Quero me tornar o totalmente outro. Quero pertencer a ti, mesmo que eu não faça ideia do que isso significa".

Minha tia Ilse é famosa por sempre se mostrar animada e surpresa. Quando alguém a visita, ela bate as mãos: "meu Pai do céu, meu Pai do céu, não. Que bom, sim, é *você*, como é possível!" E quando ela deixa queimar alguma comida, ela exclama: "Ai não, ai não, meu Deus!" Durante uma visita, eu contei à tia Ilse que estou reformando o meu escritório. O meu escritório como ministro provincial (diretor regional) da Congregação dos Sacerdotes do Sagrado Coração de Jesus se encontra numa linda casa nas proximidades da cidade de Bonn, mas que era muito escura quando me mudei para lá. Havia um carvalho antigo na frente da janela e muitos móveis escuros dentro da sala. Eu contei para a minha tia que pretendíamos clarear tudo, que colocaríamos poltronas claras, que pintaríamos as paredes e que podaríamos a árvore na frente da janela. Além disso, instalaríamos lâmpadas novas etc. "Ah, não, que lindo", ela disse e não via a hora de me visitar. Ela deve ter imaginado como tudo ficaria, pois quando realmente veio fazer uma visita e eu, todo orgulhoso, lhe mostrei o meu novo escritório, ela bateu as mãos na frente do rosto e exclamou: "ah não, ai não, meu Deus, meu Deus, isso é totalmente diferente, é muito mais bonito, é totalmente diferente".

Kadosh – o totalmente outro ou diferente. Não, não quero dizer que o meu escritório era santo, mas a imagem que a minha tia tinha produzido em sua imaginação antes de me visitar era linda, mas não era tão linda quanto a do verdadeiro escritório. Às vezes, o mais bonito não é "mais lindo", mas sim o "totalmente diferente"!

A Bíblia nos mostra a grandiosa visão de Isaías quando ele recebe o seu chamado como profeta. Ele vê os anjos que cercam o trono de Deus. Eles têm seis asas, duas cobrem os olhos, duas cobrem a boca, e com as outras duas eles voam ao redor da cabeça de Deus. E eles exclamam: *kadosh, kadosh, kadosh* – santo, santo, santo!

Talvez isso soe um pouco tolo no contexto da história da tia Ilse, mas é nisso que penso quando expresso o desejo "Santificai-me". Fiquei feliz quando ela constatou que meu escritório era totalmente diferente do que ela havia imaginado. E eu acredito que Deus também é totalmente diferente. Não só diferente do que imaginamos, mas fundamentalmente diferente. Ele é o totalmente diferente. E os nossos pensamentos não são capazes de alcançar a "santidade", as nossas imagens não bastam. Não podemos criar uma projeção para obter uma imagem de Deus. Não podemos simplesmente multiplicar tudo aquilo que consideramos belo para vislumbrar Deus. Não. Ele é totalmente diferente. Ele não é igual a nós. E os santos que são venerados pela Igreja não foram pessoas que, na nossa opinião, levaram uma vida especialmente bela e boa. Não, eles não se movimentaram por conta própria em direção da santidade. O santo não é algo que entramos, o santo se apodera de nós.

Posso ter o desejo de ser mais piedoso. Posso imaginar como eu serei daqui a vinte anos. Posso até me reinventar, mas isso não me torna uma pessoa diferente. Na verdade, eu não desejo me tornar a pessoa que a minha imaginação vislumbra, isso é muito limitado para mim. Eu anseio pela santidade. Desejo me tornar aquilo que só Deus pode me transformar – em um ser totalmente diferente. E é por isso que eu invoco a alma de Cristo. A alma do Jesus crucificado, a alma de Cristo, que era diferente daquilo que as pessoas tinham esperado de Deus – não algo intocável, não algo etérico, algo desligado do mundo físico, mas totalmente diferente – muito mais profundo, muito mais passional – até a morte. Uma alma em cujo fundo eu só vejo a sombra clara da face de Deus porque a superfície treme.

É essa alma totalmente diferente que eu invoco, sabendo que, enquanto ainda ouço como minhas palavras saltam do meu lábio, enquanto ainda me volto para a alma de Cristo, a imagem que tenho dela precisa ser abalada e estremecida, que eu quero ser tomado por ela, para pertencer a Ele e me tornar totalmente diferente.

Alma de Cristo, santificai-me.

5
A mãe de todos os medos

* * *

Corpo de Cristo, salvai-me.

Existem pessoas que não precisam apenas de uma ajudinha, mas que realmente precisam ser "salvas". De uma doença ou de alguma outra coisa. Mas eu?

Neste momento, chego até a me sentir um pouco estranho, pois estou sentado num lindo jardim na sombra de grandes árvores, atrás de mim ouço a água de uma fonte, as flores da tília espalham seu perfume, que se mistura com o cheiro do churrasco do vizinho. Hoje à noite, a Alemanha disputa as semifinais, estou com uma cerveja na mão, e – justo agora – devo rezar "Corpo de Cristo, salvai-me"?

Talvez eu nem deva rezar. Talvez seja até inapropriado fazer uma oração que não venha do fundo do coração. Afinal, eu preciso ser salvo de quê? Da mosca que acaba de pousar no meu copo de cerveja? Não percebo nenhuma necessidade urgente e não desejo nada para poder rezar com uma intensidade maior. Mesmo assim, desde que comecei a refletir sobre essa afirmação, ela não me deixa mais em paz.

A primeira coisa em que penso são as pessoas que conheci no Brasil. Em dezembro de 2008, eu estive lá como diretor regional alemão da minha ordem. Eu queria visitar as famílias dos meus confrades, para conhecê-las e lhes agradecer por terem confiado a nós os seus filhos e irmãos, que estão fazendo um trabalho importante na Alemanha dentro da nossa ordem.

O que chamou a minha atenção entre os fiéis brasileiros é que eles sempre se referem a Jesus como "Salvador". Aqui na Alemanha, dificilmente nos referimos a Jesus com essa palavra. As pessoas que conheci no Brasil sempre diziam que Jesus já as salvou ou que Ele as salvaria. Existe aqui uma relação imediata. Muitos diriam que, no Brasil, existe muito mais sofrimento do que na Alemanha e que, por isso, existe um anseio maior por um "Salvador". Não tenho tanta certeza assim.

Aquele que clama "Salvai-me!" é sempre uma pessoa que está com medo, que está sendo ameaçada. Os alemães têm medo. De tudo o que você possa imaginar. Quando converso com psicólogos, eles me explicam que existe um tipo de curva de ansiedade. Pessoas com distúrbios de ansiedade acreditam que, assim que se encontrarem numa situação ameaçadora, o pânico irá piorar a ponto de convencê-las de que morrerão de medo. Elas temem não a queda do avião ou a morte por sufocamento num espaço restrito – não, o medo é *o medo do medo*. Como se o medo fosse capaz de matar. As pessoas temem que a curva do medo seja capaz de se estender até o infinito, e é por isso que – sempre que possível – elas tentam interromper a situação ameaçadora.

Quando isso não é possível, algumas pessoas passam pelo inferno, é um clamor interno, um impulso de querer fugir dessa prisão. Imagino que isso seja terrível.

Quando reflito sobre o que me assusta, preciso confessar: a morte – não o medo da morte em si, mas do processo de uma morte cruel e sofrida. Tenho medo de tortura. Tenho medo de fracassar, de perder. E, em relação a outras pessoas, tenho medo de ser ridicularizado ou de que elas tenham dó de mim por ser quem eu sou. Terrível. Tenho também o medo de, por algum motivo, não conseguir mais olhar para mim mesmo no espelho, porque fiz algo pelo qual me odeio.

Quanto mais pessoas pergunto qual é o seu maior medo, mais repostas diferentes recebo. A única coisa que elas têm em comum é o medo de alguma coisa. Mas o curioso é que a sensação de medo é sempre igual.

Ensinar a palavra "medo" a uma criança não é difícil. Instintivamente, ela saberá como usá-la corretamente. Não importa se você tem medo de perder o seu emprego ou a sua casa por causa de um incêndio, ou de desenvolver um câncer; a qualidade da sensação do medo é sempre igual, ela só se diferencia em sua intensidade. E isso me faz pensar. É como se os medos fossem gêmeos, trigêmeos ou até mesmo centenas de filhos da mesma mãe. Todos repetem a mesma melodia, às vezes em um volume mais alto, às vezes em uma velocidade maior ou mais lenta, às vezes mais cruel, mas o som permanece sempre o mesmo. É a mesma origem, o mesmo compositor – pelo menos é o que me parece.

Acredito que exista um medo primordial. A mãe de todos os medos, que nutre e alimenta os seus filhos e se propaga. Esse medo primordial é o medo da morte. E mesmo que eu tenha dito acima que eu não tenho tanto medo da morte em si, mas sim de morrer lenta e cruelmente, acredito sim que, no fundo, trate-se do medo de que, em algum momento, a vida caia num vazio absoluto e que por isso uma morte sofrida seria em vão. Eu me submeto a um tratamento doloroso no dentista porque ele é sensato. Mas tortura não tem sentido.

E se eu morrer sob tortura e depois ver o nada? Para mim, imaginar isso, é puro terror. Mas se eu soubesse que depois da morte, Deus me espera e me abraça, que Ele cura as minhas feridas e reestabelece a justiça, talvez eu consiga passar pela tortura.

Quando tenho medo de ser ridicularizado, meu medo é o medo de perder a minha dignidade. É uma perda. Quando tenho medo de engordar, tenho medo de perder a minha beleza. Outra perda. Quando tenho medo de uma prova, tenho medo de perder minha perspectiva, as minhas chances. Mais uma perda.

Por que temos medo de perder essas coisas pequenas ou até maiores? Por que a perda é algo tão terrível para nós? Talvez porque nós, seres humanos, vemos a nossa aparência, a nossa saúde, a nossa beleza e todas essas coisas como parte da nossa identidade, porque se perdermos essas coisas, perderemos também a nós mesmos e, no fim, nada restará de nós. A morte.

Isso é a morte. A mãe de todos os medos. Quando rezo: "Corpo de Cristo, salvai-me", eu peço que esse medo primordial seja derrotado e superado. Por mais profunda que seja a fé de um cristão, por mais misterioso que Deus seja, o medo é repugnantemente simples – e igualmente simples é a resposta de Deus. Eu tenho medo de morrer, Deus sabe disso, vem para o mundo na forma de Jesus, serve como nosso exemplo, morre e ressuscita. Isso realmente soa tão simples.

Mas quando entramos em pânico, não temos tempo para explicações complicadas. Quase todos os discípulos, que estavam em estado de choque quando Jesus foi preso e assassinado, fugiram em pânico. Simplesmente fugiram, se esconderam em algum lugar. Eles tinham medo de também perder a sua vida. É um medo primordial muito simples que nos põe a correr. E a razão pela qual construímos igrejas hoje, pela qual continuamos a falar desse Jesus ainda hoje, é que os discípulos viram algo. O corpo de Cristo, ressuscitado dentre os mortos.

Até então, nenhum dos doze discípulos teria se prontificado a morrer daquele jeito. Mas no fim, nenhum deles – com a exceção de João – sofreu uma morte natural. Todos sofreram aquele tipo de morte do qual tinham fugido durante a crucificação de Jesus. O que aconteceu? O que esses homens viram que os fez emergir de seus esconderijos e proclamar que Cristo vive e no fim serem executados por isso? Eles devem ter visto algo, algo que era mais forte do que o medo da morte, algo que tirou esse medo deles, algo que conseguiu dominar esse medo e transformar em fé e força: o corpo de Cristo, ressuscitado dentre os mortos.

E já que todos nós sofremos a morte – inclusive eu – e eu não quero que os meus medos insignificantes desviem minha atenção da grande mãe de todos os medos, eu rezo: "Corpo de Cristo, salvai-me" e decido pessoalmente quem deve me libertar do meu medo primordial.

Corpo de Cristo, salvai-me.

6
De repente estou livre

* * *

Sangue de Cristo, inebriai-me.

Na região onde eu nasci, as pessoas gostam de cerveja. De preferência, com uma vodca. "Uma loira e uma branquinha", as pessoas costumam pedir. Um pedido que não deixa espaço para dúvidas. Existem várias razões pelas quais nós festejamos e bebemos; festas agrícolas, casamentos, aniversários...
Quando eu ainda frequentava a escola e às danças, onde me embriagava como um filho de fazendeiro fazia na época. Ainda me lembro como era terrível ter que sair da cama na manhã seguinte às seis da manhã para ordenhar a vaca, independentemente do tamanho da ressaca, mesmo passando mal. Aos 17 ou 18 anos de idade, houve um tempo em que eu não perdia uma festa. A *Schützenfest*[1] na minha cidade natal – era como uma quinta estação do ano. Os artesãos, comerciantes, fazendeiros – todos falavam dos preparativos

---

[1]. A Schützenfest ou Festa do Tiro é uma festa tradicional que acontece anualmente na região noroeste da Alemanha, bem como na Baviera, e no Brasil, realizada pelas sociedades de atiradores [N.T.].

e trabalhos a serem feitos *antes* ou *depois* da *Schützenfest*. O ar chegava a vibrar de expectativa. Todos viviam como que dominados por uma febre, e ela era contagiante. A *Schützenfest* significava um estado de exceção. Podíamos fazer coisas que, normalmente, não eram permitidas. Até os professores, os médicos e o prefeito podiam beber mais do que deviam. Aos 17 e 18 anos, eu não saía do balcão de bebidas. Música alta, bandas ao vivo, festa e cerveja do barril. A partir da meia-noite, trocávamos a cerveja pela Coca-Cola com rum. Quanto mais a noite avançava, mais diminuía a quantidade de Coca-Cola e aumentava a dose de rum.

Não quero dizer que ainda apoie isso, que ache legal, nem mesmo quero dizer que cada jovem deva passar por esta experiência. Só quero dizer que, nesse êxtase de álcool, música alta, muitos cigarros e uma noite quente de verão, eu conseguia dançar sem fim – apesar de eu já estar exausto do trabalho na fazenda quando caía a noite. Mas, de alguma forma, eu conseguia ativar as minhas energias. Como se eu tivesse um motor especial, um turbo.

Nessas noites da *Schützenfest*, eu decolava, distanciava-me internamente de muitas coisas que, normalmente, costumavam me dominar e reprimir. De repente, eu conseguia conversar com todo mundo, mesmo com estranhos. Eu ria muito. Estava de ótimo humor, e me achava irresistível. E isso era possível porque a embriaguez me libertava da pior coisa na vida: o medo.

O medo desaparecia, e por isso essas noites eram maravilhosas. Tão vivas, vigorosas. Elas estavam encharcadas de vida e faziam o sangue pulsar no corpo. Depois da noite, a ressaca, a dor de cabeça no dia seguinte e, às vezes, também no outro dia. Esse era o preço. A embriaguez tinha seu preço. Quando saía das festas cambaleando e montava na minha velha bicicleta para voltar para casa pelas estradas de terra – o sol já nascia, os pássaros já se mexiam inquietos em seus ninhos, de vez em quando, um veado ou faisão atravessava os campos e cruzava meu caminho – meus ouvidos zumbiam no silêncio da manhã. Eu ainda ouvia a música alta da banda que cantava: "*I want it all and I want it now!*"

Isso não saía da minha cabeça. Ou será que era só a batida da música que continuava na minha cabeça? Esse barulho não combinava nada com o lindo silêncio sagrado da natureza que estava despertando, dos campos e das trilhas pelas quais eu, inseguro, conduzia minha bicicleta, atento para não cair numa vala.

O barulho na minha cabeça não combinava com o silêncio da natureza, mas eu me sentia ótimo. Depois das primeiras cervejas que eu bebia com os meus amigos, surgia aquela sensação maravilhosa de estar acima dos problemas. Eu perdia minha insegurança. Eu acreditava que essas noites não teriam fim. Um pouquinho de eternidade. Principalmente, porém – e acredito que isso seja o aspecto mais importante da embriaguez – distância. Embriaguez me permitia me distanciar do mundo, das coisas.

Algumas pessoas se tornam muito emotivas quando beberam algo; elas começam a chorar. Esse choro também me parece ser um tipo de distanciamento. Essas pessoas têm pena de si mesmas. E uma porção saudável de autocomiseração, é o motivo necessário para que alguém consiga chorar. Quando não tenho pena de mim, quando não consigo contemplar nem perceber emocionalmente a minha própria situação, meus olhos permanecem secos. Mas quando estou embriagado e bato minha perna numa mesa, eu não dou muita bola e continuo dançando. Distanciamento.

Quando estou embriagado, esqueço os boletos, esqueço o dia a dia. Quando estou embriagado, estou totalmente presente e, ao mesmo tempo, estou um pouco fora de mim. Não consigo me controlar tão bem. Essa é a parte que não pertence mais a mim mesmo, mas ao álcool. Uma parte um tanto perigosa quando a entrego à cerveja, pois outra coisa faz parte das festas rurais na Alemanha: as brigas.

É claro que, como padre, eu deveria alertar contra o consumo de álcool. E muitos devem esperar alguma instrução moral da minha parte, mas não é o que eu quero fazer agora. Também não quero alertar contra os reais perigos do álcool. O que quero fazer é mostrar o que é uma embriaguez. A embriaguez sempre tem certo perigo, porque quando estou embriagado, eu renuncio a alguma parte de mim. Talvez o álcool também me tire algo.

Como padre, eu tenho muito contato com pessoas doentes e moribundas. Existem pessoas que sofrem dores tão fortes que precisam ser tratadas com remédios tão fortes que as deixam como que embriagadas. Às vezes, o efeito de uma anestesia também pode lembrar uma embriaguez. São sempre momentos estranhos para os parentes quando o paciente, do qual eles sentem pena e cujo corpo se encontra em grande perigo, acorda da anestesia e parece estar feliz e embriagado. Ele ri no maior perigo.

A doença não o afeta mais, ele não liga para ela em momentos assim. Nesses momentos, o paciente chega a parecer um pouco infantil, como um bêbado. Que graça. E que perigo – se fosse um estado constante.

Sangue de Cristo, inebriai-me.

Quando estamos embriagados, parecemos estar em outro lugar. Não totalmente neste mundo com sua quantidade infinita de detalhes. Ainda estamos aqui, mas dentre os bilhões de fragmentos da realidade, apenas algumas centenas alcançam nossa atenção, nos fascinam e nos permitem esquecer o resto do mundo por um momento.

A fé gira em torno desses momentos? Quando rezamos, o sentido é esquecer onde estamos? Desligar nossas preocupações por alguns instantes? Para dizer a verdade, não sei dizer. E sinto uma trava interior – mais forte do que nas outras partes da oração – que me impede de clamar por essa embriaguez, porque, na verdade, eu tenho mais anseio por coisas na minha fé que me sustentam na banalidade do dia a dia. Quando a copiadora quebrou e eu me perguntei: Para que estou fazendo tudo isso? Resumindo: não tenho certeza se realmente entendo do que se trata a embriaguez da qual fala essa velha oração.

Sangue de Cristo, inebriai-me.

Isso tem até um aspecto canibal. Sede de sangue é uma expressão que usaríamos em conexão com assassinatos, massacres, pessoas que se embriagam com o sangue de suas vítimas.

Será que a petição pela "sede do sangue de Cristo" é uma barbárie antiquada e de mal gosto? Que embriaguez é essa pela qual pedimos nessa oração?

Em cada missa, o padre recita uma oração no lugar de Jesus Cristo, *in persona Christi*: "Tomai e bebei. Este é o meu sangue que foi derramado por vós". Os cristãos, seriam eles bebedores de sangue? Um historiador romano, Plínio o Jovem, escreveu sobre os primeiros cristãos em Roma. Entre outras coisas, descreveu a sensação que eles causam nos romanos, quais impressões os romanos tinham dos seguidores do homem de Nazaré, do homem que havia sido crucificado por blasfêmia. Plínio relata que os romanos diziam que os cristãos celebravam festas sangrentas. Em seus cultos, sempre falavam de sangue. Tanto, que corria o boato de que os cristãos matavam crianças e as devoravam durante suas orgias religiosas. Essa calúnia nos parece escandalosa e chocante.

Eu não posso ver sangue. Bem, não é totalmente verdade. Não posso ver o meu próprio sangue. Evidentemente, tendo sido criado numa fazenda, assisti ao abate de porcos, mesmo que isso tenha revirado meu estômago – pelo menos, às vezes. Vi como o sangue jorrava pulsando do corte no pescoço. Lembro-me de uma cesárea que o veterinário realizou no meio da noite numa vaca ainda nova. Era sua primeira cria. Em sua dor, a vaca tinha acordado a casa inteira com seus berros. Ninguém conseguiu dormir. Ainda vejo diante dos meus olhos como o veterinário raspou o pelo na barriga da vaca e, com um corte certeiro, abriu a barriga do animal. A barriga se abriu como que sob uma pressão enorme. Sangue por toda parte. Tudo que eu conseguia ver era sangue. O que mais me assustou foram os berros da vaca – boca escancarada e olhos arregalados, como que num espasmo, ela se curvou e se contraiu. As outras vacas estavam deitadas do lado dela, mas nenhuma dormia. Elas pareciam acompanhar os acontecimentos com atenção. E então o veterinário enfiou seus braços na barriga da vaca e, dessa massa sangrenta e grudenta, ele tirou um bezerro.

Vida que saiu do sangue.

Antigamente, as pessoas acreditavam que a vida vinha do sangue. Os babilônios contavam aos seus filhos como o ser humano era criado a partir do sangue de um deus maligno. Talvez, Enûma Eliš, o mito de criação babilônico, não pretendia explicar apenas a origem do homem, mas também porque o homem costuma ser maligno e astuto.

A Bíblia também afirma que o sangue tem a ver com Deus. De acordo com a língua hebraica, sangue e solo formam uma unidade. Mais especificamente, o sangue está contido na terra, o sangue provém da terra. Pois, em hebraico, sangue é chamado de *dam*, e a vermelha terra fértil se chama *adama*. O sangue não pertence ao ser humano, mas exclusivamente a Deus. No início, no paraíso, os seres humanos e os animais só receberam as plantas e as frutas como alimento. Alimento animal, alimento a partir de vida morta, só vem a ser permitido após o dilúvio de acordo com a narrativa bíblica sob uma condição: as pessoas podem abater animais (gado, ovelhas ou cabras), mas não devem consumir o sangue dos animais abatidos. O sangue deve ser derramado na terra como água. Ele não deve ser ingerido (Dt 12,20-25).

O sangue pertence a Deus. O sangue contém a misteriosa força da vida. Por isso, o sangue possui um efeito salvador em uma das histórias mais importantes do Antigo Testamento, na história do êxodo do Egito. A Bíblia nos conta que Deus vê o sofrimento dos hebreus escravizados no Egito ao serem explorados pelo faraó. E então vem a promessa da libertação, mas que também é uma cena cruel; Deus, o Senhor, pretende enfraquecer os egípcios e, em uma noite, matar todos os primogênitos, humanos e animais, da mesma forma como o faraó mandara matar todos os primogênitos entre os hebreus. Para que o anjo da morte não agisse entre os hebreus, eles foram instruídos a abater um cordeiro e usar o seu sangue para pintar a esquadria das portas das casas em que eles se reunirão para comer o cordeiro. Quando o anjo da morte ver o sangue nas portas, ele passará por elas e poupará todos que se encontrarem naquela casa. Depois dessa noite, o faraó permitiu que os escravos saíssem do Egito... começa então a história da libertação. A história que leva à vida.

Ela é o núcleo do *pessach*, da Páscoa judaica; ela é lida também em cada Páscoa cristã. E segundo os três primeiros evangelhos, a última ceia de Jesus também foi uma ceia pascoal, que lembra a história do cordeiro e da passagem do anjo da morte. "Tomai e bebei. Este é o meu sangue derramado por vós" (Mt 26,26-28). O próprio Jesus nos deu isso como testamento: fazei isso em memória de mim. Isso significa: lembrem-se disso, repitam isso, façam isso regularmente. Essa é a essência da missa. Esse é o núcleo da Eucaristia. Aqui ela abre nossos olhos para o maior mistério. É como se olhássemos pelo buraco de uma fechadura; não conseguimos enxergar muito bem, mas conseguimos ter uma noção da força divina. A força do sangue.

Sangue de Cristo, inebriai-me.

    Eu nunca rezei essa linha antes. Acho muito difícil rezá-la em voz alta e na presença de outros, como se eu estivesse dizendo: "deixe-me bêbado!" Não, não consigo rezar assim. Tudo em mim se revolta contra isso. Mas o que consigo rezar é: "Jesus, peço que te faças presente em mim, ilumina não só a minha razão, não preenche somente o meu coração. Isso não basta. Não, Jesus, eu quero mais. Eu quero tudo. Impregna-me. Banha-me. Espalha-te em mim, Tu, com tudo o que és e como és. Eu te quero bem perto de mim, para que eu me torne igual a ti. Tudo que és, é assim que eu devo ser, quero que respires em mim e fluas em mim, quero que sejas mais do que eu, para que transbordes e saias pelos meus poros". Eu repito e repito essa oração e digo: "Jesus, agora é a tua vez, afinal, toda a minha vida se apoia em ti".
    Tenho vivenciado como depois da oração, às vezes, algo acontecia. Nada do tipo que eu conseguisse produzir por vontade própria: só preciso me concentrar totalmente em Jesus, então as coisas acontecem. Não, eu sei e sinto que esses momentos são como presentes. Momentos em que tenho a impressão de não estar agindo a partir da razão, mas a partir do instinto, do coração, de algum lugar dentro de mim.
    Nesses momentos, as coisas ficam mais claras, mais leves. Às vezes, chego até a rir de mim porque penso: idiota, como é que você não enxergou isso antes? Momentos em

que confusões e equívocos se resolvem de repente e passam a fazer sentido. Como se eu estivesse embriagado, só que sem a ressaca na manhã seguinte. Então consigo distinguir aquilo que realmente importa daquilo que não é tão importante. Volto a lembrar que eu sou padre, e que a minha primeira obrigação é para com Deus e para com as pessoas. Orações principais são orações principais, e orações subordinadas são orações subordinadas. Existem prioridades. O lugar das coisas secundárias é a oração subordinada e elas não devem confundir a oração principal da minha vida, o meu medo perde seu poder e o meu impedimento é afastado.

E isso realmente se parece com a embriaguez da minha juventude. De repente estou livre. De repente, não sinto mais a pressão de preocupações mesquinhas, elas perdem a força de se manifestar, de me dominar. Quando Jesus não só está comigo, mas dentro de mim, quando não é só o meu sangue que corre pelas minhas veias, mas o sangue dele se mistura com o meu, e aí? O que pode acontecer comigo? Quando Ele é por mim, quem pode ser contra mim? Em momentos assim, o medo simplesmente perde todo o seu poder e influência. Posso levantar os olhos, meu horizonte se amplia, eu respiro fundo e recebo novas forças. É como se todo o meu interior se tensionasse como um arco. A flecha segue seu voo. Quando se cumprem o desejo e a oração sincera de que Jesus flua dentro de mim e me impregne por completo e esse desejo se transforma em presente, então eu vivencio uma liberdade interior desconhecida, uma liberdade que vence os muros e obstáculos que me parecem insuperáveis. Então faço coisas que, em outros momentos, eu teria considerado impossíveis, loucas, malucas. Mas a verdade é – elas são possíveis! E essa é uma experiência incrivelmente forte; conseguir fazer algo que, nem embriagado, eu acreditava ser possível.

Sinto como eu me ergo sobre a pequena e confusa paisagem da minha alma como uma águia, como levanto os olhos e vejo com clareza.

Sangue de Cristo, inebriai-me.

Ainda não me sinto à vontade em rezar essa frase como a minha oração pessoal, prefiro usar outras palavras. Mas constato: as orações que envio a Jesus em momentos difíceis se aproximam dela. Talvez, porque essa formulação estranha oculta um profundo anseio humano e um grande mistério divino, da mesma forma como toda oração autêntica expressa o anseio do ser humano. Ela vem do fundo da alma, do meu íntimo. E ela sempre se dirige à grandeza de Deus, que se manifesta principalmente em seu mistério. "Sangue de Cristo, inebriai-me" – é difícil dizer essas palavras. Mas espero que minha boca não seja a única parte minha que se dirige a Deus. Eu faço a oração com os lábios. Eu a executo com a postura do meu corpo e espero que minha alma faça o mesmo.

Em cada missa eu, como padre, rezo sobre o cálice, do qual sou ordenado a beber "O meu sangue que é derramado por vós". Isso faz parte do centro da missa, do meu sacerdócio. Eu recito frases que me assustam quando reflito sobre elas e que me deixam sem palavras quando tento explicá-las, mas que me acompanham durante as minhas meditações e orações em silêncio. O meu cérebro não consegue entender essas formulações, mas a minha alma – de alguma forma, elas fazem sentido para a minha alma.

O mistério do sangue de Deus que me embriaga – eu não o conheço. Na igreja, eu digo aos fiéis: "Eis o mistério da fé! E essa é a verdade. Ela permanece misteriosa para mim. E, para mim, há uma grande beleza nisso.

7
Iluminação à beira do abismo

* * *

Água do lado de Cristo, lavai-me.

Jesus morre na cruz. Ao pé da cruz está o diretor militar da execução, um capitão romano. Ele quer conferir se Jesus realmente morreu e usa a sua lança para traspassar seu tronco. Sangue e água escorrem do corpo de Jesus. Para que fique registrado, Jesus está realmente morto. E isso é a prova para muitos de que Ele só era um ser humano. Ele não conseguiu se libertar da cruz. Ele não abriu suas asas e desceu da cruz num brilho radiante. Ele gritou como os outros. Agora Ele está morto, e sangue e água escorrem do seu tronco, mais um cadáver neste mundo. E o que acontece com o soldado romano neste momento? De repente, ele diz: "este era o Filho de Deus". Por quê?

O momento em que Jesus morre: tudo está errado, não há nada de divino aqui! Só há abismo, terror. Onde estão a bondade, a onipotência, a beleza de Deus? Um ser humano está morrendo!

Um nome. Outro nome. Mais um nome. Em hebraico, inglês e polonês. Dois, oito, doze ou dezesseis anos de idade ou até mesmo recém-nascido. Uma sequência interminável de nomes de crianças de vilarejos ou cidades europeias, a maioria da Polônia. Dizem que foram mais de meio milhão, como fico sabendo no memorial de Yad Vashem para as crianças judias assassinadas durante a ditadura nazista. Mas nem conhecemos todos os nomes, só sabemos que todas essas crianças foram assassinadas, só conhecemos números, crianças anônimas e numeradas.

Eu já havia passado pelo prédio principal do memorial juntamente com outros 14 padres da arquidiocese de Freiburg, com os quais eu tinha sido ordenado para o sacerdócio 25 anos atrás. Por ocasião do nosso jubileu de 25 anos, fizemos uma viagem para Israel. Entre outras coisas, visitamos também Yad Vashem. Eu permaneci quase duas horas no prédio central, havia contemplado imagens, lido textos, assistido a filmes sobre o início lento e sorrateiro da perseguição à população judia na Alemanha, sobre a exclusão de ciganos, deficientes e homossexuais. Depois eu saí do ambiente com ar-condicionado, saí para a luz do sol, que brilhava e cegava. O caminho até o memorial para as crianças era curto, passava por áreas verdes. Lembro-me de ter visto cedros e oliveiras em algum lugar.

Em comparação com o prédio principal, esse memorial para as crianças judias assassinadas parecia pequeno, mas quando entrei, perdi o chão sob os pés. O interior era escuro. No início, cheguei a pensar que estava cego de tão forte que o sol lá fora havia sido. Tive que ficar parado e me orientar. Quando os meus olhos se acostumaram com a escuridão, eu só consegui ver luzes. Não conseguia reconhecer paredes, não enxergava o teto no alto nem o chão em que pisava. Só conseguia ver as luzes na escuridão. Pequenas e grandes. E então os nomes de todas essas crianças recitados pelo sistema de som. Uma voz calma e rítmica, gravada, sem sentimentalismo. Nesse espaço infinito dos mortos, parei de pensar. Senti tontura. Avancei tateando, precisava me segurar em algo. Tentei me controlar, dominar os meus sentimentos. Era impossível. Eu tinha perdido o controle sobre mim mesmo. Lágrimas me encheram os olhos.

Eu já tinha visto alguns campos de concentração: em Westerbork, em Esterwegen, em Bergen-Belsen, em Sachsenhausen, em Buchenwald e em Auschwitz. Eu já tinha adquirido certa rotina como guia. Como professor de história no ensino médio, isso fazia parte do meu trabalho. Afinal de contas, nosso trabalho consistia em educar e criar jovens críticos, familiarizá-los com o terror da ditadura nazista e os atos abomináveis dos nossos pais, avós e bisavós. É claro que isso nos afetava, evocava sentimentos, provocava perguntas, gerava reflexões. Alguns alunos sempre choravam. Eu já contava com isso, fazia parte da experiência, eu mesmo me comovia, sim, eu estava ciente disso. A fábrica gigantesca de massacres em Birkenau, a aniquilação em massa de mais de um milhão de judeus em um único lugar tinha me deixado sem palavras.

Não sei por que, mas ao me deparar com as crianças em Yad Vashem, algo era diferente. Eu não conseguia expulsar a voz da minha cabeça que ficava repetindo os nomes das crianças judias em meio àquele mar de luzes. Seus nomes pareciam gotas que caíam no mar, pareciam submergir, afundar no nada. Mas não era uma imersão suave. Pareceu-me um tanto cínico e distanciado. Esses nomes pareciam gotas que caíam numa pedra, onde estouravam, explodiam. Nomes de crianças, cabeças infantis que explodiam como crânios atirados contra uma rocha.

Era absurdo. Um teatro irreal. Ninguém parecia estar lá dentro comigo. Só a voz assustadora que lembrava os nomes de crianças mortas. Essa lembrança não trazia redenção. Ela pesava, esmagava. A escuridão me cegava. Era como se eu estivesse à beira do abismo. Deus não aparecia. Não havia referências religiosas. Nenhuma oração. Nenhum consolo. Sozinho com a culpa. Esse era o lugar onde a fé se perde, onde duvidamos de Deus. Onde Ele esteve quando os inocentes foram assassinados?

Isso não é possível. Não é possível que, no fim, só existe o abismo, a sensação de vertigem e então o buraco. Não é possível que, no fim da vida, caiamos de uma rocha alta ou que sejamos empurrados por outros abismo abaixo e terminemos em queda livre, que nos leva para o nada, até sermos engolidos por um Deus do terror, que não se importa com sentimentos, que suga a vida de sua ferida.

As crianças assassinadas, cruelmente empurradas por outras pessoas dessa rocha da vida – e quanto a elas? E quanto aos seus assassinos? Deve existir algum tipo de julgamento. A morte não pode ser o fim. Precisamos de um juízo. Tudo exige, aos gritos, um tribunal, uma sentença.

E quanto ao amor dos pais que perdem os seus filhos? O que acontece com seu amor, com esse amor que quer tudo, esse amor que, em seu íntimo, deseja eternidade, uma eternidade sem fim? Todo amor deseja mais, sempre mais, deseja ir além da morte. Um amor que ousa dizer que, com a morte, tudo acaba, não é amor. Pais que dizem aos seus filhos: se você morrer antes de nós, nosso amor por você também terminará, o amor acaba com a morte... Isso seria incompreensível. Um amor que não acredita em vida após a morte, não pode ser um grande amor. Amor deseja eternidade. Todo esse grande amor sempre o deseja para sempre, o mais, a continuação para além da morte. E enquanto esses pensamentos martelam no meu cérebro, eles me forçam a voltar para a vida, fazem nascer em mim a noção, o desejo e a certeza: em vista das crianças inocentes assassinadas não é possível que no fim da vida só haja um abismo no qual todos nós caímos. Acabou. Foi isso. Destino.

Durante um instante, tive a sensação de que uma luz se acendesse em mim, como se o mundo se abrisse para mim. Mas não a partir de reflexões e pensamentos. Naquele momento, eu não era capaz de pensar. Não, era como se uma noção repentina se impusesse. Como se tudo que existia em mim e que eu sentia naquele espaço escuro tentasse dizer: não é possível que essas crianças estejam mortas e permaneçam mortas para sempre. Não é possível que, no fim, a injustiça seja mais forte do que a justiça. Não é possível que os assassinos escapem impunes. Não é possível que crianças inocentes sejam torturadas e mortas e então... sim, e então? Acabou?

Se eu não quiser enlouquecer, eu preciso que, no fim, haja alguma justiça mais forte do que a injustiça. No fim, deve existir algo ou alguém que garanta que a vida é mais forte do que a morte. Se eu não quiser desesperar, é preciso que, no fim, haja um juízo. E é preciso que haja alguém que garanta que os assassinos sejam punidos.

O mal pode destruir a minha fé. A mentira pode me levar a duvidar.

Mas existe também o contrário: coisas e eventos podem estar tão errados neste mundo que eles despertam em mim o temor diante do bem. Primeiro eu sinto que aqui tudo está errado, doente e é maligno. Isso me faz sofrer. Fico arrepiado e escandalizado. É terrível ver aquilo, e de repente essa sensação começa a mudar.

"Sim", penso eu, "isso é errado! Mas isso não é tudo! Isso só está errado porque existe o certo".

Sim, isso é maligno, e o fato de eu considerar isso maligno se deve àquela parte de mim que clama tanto pelo bem, que de repente a minha atenção se volta para o bem, e o bem se torna mais alto, mais pesado, mais verdadeiro, mais nítido e mais poderoso do que o terrível que estou vendo neste momento. O bem, Deus, vem ao meu encontro e me domina justamente em um momento que afirma o contrário. Em um momento que talvez esteja dizendo: "A vida é absurda. Deus não existe, caso contrário Ele não permitiria isso".

Acredito que o oficial romano, ao ver o Jesus ensanguentado e moribundo tenha sentido algo semelhante: tudo isso está errado, matar um inocente, a morte dele, tudo que está acontecendo aqui está errado – porque existe o certo. Ele percebeu e vivenciou o bem ao mesmo tempo. Quando um ser humano começa a seguir esse rastro, Deus talvez lhe conceda o resto. Chamamos isso de graça. Ela nos domina, ela nos comunica uma noção de Deus e nos faz exclamar: "Este homem era o Filho de Deus!"

Água do lado de Cristo, lavai-me.

A Bíblia nos conta que o soldado romano perfurou o lado de Jesus com a sua lança, e isso fez escorrer água e sangue. Ele sabia que não precisava quebrar as pernas de Jesus como fez com os dois crucificados ao lado dele para que morressem. Jesus já estava morto. Essa era a prova.

O Batismo é o sacramento que se desenvolveu a partir da imagem do capitão e da água que escorreu do lado perfurado de Jesus. Já como recém-nascido o Batismo me confrontou e incluiu nisso. Antigamente, as pessoas eram submersas completamente no Batismo. No fundo, essa é uma imagem ameaçadora. Parece a tentativa de afogar alguém. Eu acredito que a fé sabe muito mais do mundo quando não a obrigamos a ser "boazinha". A fé cristã conhece os abismos, as ambivalências. O respeito diante da vida não nasce numa caminhada num domingo ensolarado. Ele precisa ser conquistado à beira dos abismos. A confissão do capitão não ocorreu diante de um milagre, mas por ocasião da morte dele.

Água do lado de Cristo, lavai-me.

"As trevas cobriam o Oceano e um vento impetuoso soprava sobre as águas" (Gn 1,2). No início da criação, a água. Para construir a casa do ser humano, Deus precisou domar e confinar a água caótica que inundava tudo. E era assim o que as pessoas do Antigo Oriente Médio imaginavam o espaço de vida na Terra: como uma ilha em um mar caótico que ameaçava tudo. A mando de Deus, a terra firme surge do mar e o céu se estende sobre a Terra. A ameaça está contida. Ao mesmo tempo é da água que surge a vida.

Os biólogos confirmam isso. A água contém um dos muitos mistérios da nossa origem. Cirilo de Jerusalém, um dos Pais da Igreja, acreditava que a água era "o mais belo dos quatro elementos". E Francisco de Assis manteve durante toda a sua vida um relacionamento profundo e íntimo com a água. Ele sentia o laço secreto com esse elemento primordial, ele sabia que existia um parentesco com a água. Francisco a reconhecia sua irmã. No *Cantico delle Creature*, o "Cântico das Criaturas", ele regozijava: *Laudato si', mi' Signore, per sor' acqua, la quale è molto utile et humile et pretiosa et casta*. "Louvado sejas, meu Senhor, pela irmã Água, que é mui útil e humilde e preciosa e casta".

Se você já viu como um oásis ou uma chuva repentina transforma a terra seca em solo fértil, conhece a força da água. O ser humano e o mundo foram tirados da água. Da água veio a vida.

A próxima passagem na Bíblia que menciona a palavra "água" é esta: "Noé entrou na arca com os filhos, a mulher e as mulheres dos filhos, escapando das águas do dilúvio. [...] As águas cresceram tanto sobre a terra que cobriram as montanhas mais altas que estão debaixo do céu" (Gn 7,7-19). Deus envia a água para destruir a Terra. As comportas do firmamento, que protegem a Terra do mar caótico, se abrem e o mundo se afoga no dilúvio. Esse é o outro lado. No fundo, a água é algo central e profundamente ambíguo em todas as grandes religiões antigas. Ela traz vida e morte.

Quanto mais nos aproximamos das histórias de Jesus, mais densas e curiosas se tornam as descrições da água. As águas primordiais lhe obedecem. É como se Ele quisesse mostrar à água quem manda, é como se Ele dançasse quando caminha sobre ela. A água em que afundamos quando não sabemos nadar é a mesma em que Jesus passeia. Lemos do desejo de Pedro de ter parte desse poder sobre o abismo: "Senhor, se és tu, manda-me andar sobre as águas até junto de ti" (Mt 14,28). E lemos que Jesus transforma o poder sobre a água em um símbolo de impotência e servidão; com água Ele lava os pés de seus discípulos e provoca grande espanto, que Ele só acalma parcialmente quando explica a Pedro: "Se não te lavar os pés, não terás parte comigo" (Jo 13,8).

Água do lado de Cristo, lavai-me.

Não posso crer, não posso ser cristão sem enfrentar o abismo. Essa tensão me comove muito. Às vezes acredito que o meu sacerdócio está sob esse signo. Quando fui ordenado padre e celebrei a primeira missa em toda a minha vida, quando ainda estava celebrando esse fato, fui chamado para enterrar uma criança. Isso faz parte, você sabe que é errado que uma criança tenha que morrer. Mesmo assim, você precisa ir até o túmulo aberto. Precisa encarar o abismo. Um desses abismos é o assassinato de crianças inocentes, um desses abismos é o sofrimento dos justos. São abismos como as águas primordiais, como a água que destrói toda a vida na forma de um dilúvio, mas que também pode fazer nascer uma vida nova. Esses abismos abrem meus olhos para a realidade.

Na igreja antiga, quando o Batismo era ministrado aos adultos, um dos nomes do rito era "Iluminação" (*photismos*). A imersão do batizando na água apontava para o abismo que o oficial romano viu naquele dia. É o abismo, que é tão escuro e assustador justamente porque Deus é tão claro e bom.

A fé cristã não afirma que o brilho de Deus anula os abismos. A fé afirma que Deus vivenciou pessoalmente todos esses abismos: quando Deus se tornou homem em Jesus, quando Ele se humilhou e se tornou servo (Fp 2,7), Ele mesmo se tornou abismo. Por outro lado, Jesus nos dá, por meio da entrega de sua vida, um sinal para superarmos os abismos da nossa vida.

Esta é a "iluminação" do Batismo: submerso e retirado da água, eu reconheço totalmente a realidade. O abismo e Deus. E por isso nasce em mim o desejo de ter uma visão clara para poder enxergar o bem e o mal, o certo e o errado, a justiça e a injustiça, a realidade. O teólogo Johann Baptist Merz chamou o realismo da fé cristão uma "mística de olhos abertos". Nós não fechamos os olhos diante da realidade, do sofrimento, dos abismos. Não queremos um Deus que exija que ignoremos tudo que possa perturbar a nossa paz de espírito...

Água do lado de Cristo, lavai-me.

8
A pior tentação

* * *

Sofrimento de Cristo, confortai-me.

Um padre me contou que, para ele, o maior sofrimento é o desespero interior. Há vinte anos ele sofreu um acidente de carro que destruiu a sua perna. A cirurgia não foi bem-sucedida, e desde então ele manca e sente dores constantes. Ao longo do tempo, devido ao esforço excessivo da perna saudável, o quadril sofreu alterações de modo que, agora, a perna saudável também mostra sinais de danos. Em uma longa conversa, ele me disse: o desespero total é o sofrimento maior; e, ao mesmo tempo, a maior tentação. Não saber como a vida vai continuar, como será possível suportar a dor, olhar para o futuro. Não existe saída, tudo está interrompido. Não tenho mais esperança e nem perceberia se ainda a tivesse. Eu me fecho em mim mesmo e para todos os outros. Desespero é uma dimensão de escuridão e desesperança que parecem ser definitivas. Significa que desisto de mim. Desespero, essa é a maior tentação de todas.

Jesus sofreu tentações no início e no fim de sua vida pública.

As tentações no início de sua vida: transformar pedras em pães, jogar-se do pináculo do Templo para ceder ao mal em nome do poder. Transformar pedras em pães: a tentação de se achar importante, a tentação de ser insubstituível.

Muitos acreditam que as "tentações" de um padre consistem em não resistir a uma mulher bonita, em ter uma família etc. Isso pode fazer parte das tentações. Mas as tentações mais profundas para um padre são também as tentações de Jesus. O padre não age somente na pessoa de Jesus Cristo, *in persona Christi*, quando ele celebra a missa ou os sacramentos. Como Cristo, ele também se vê exposto à mesma dinâmica das tentações.

Na segunda tentação, o diabo leva Jesus ao topo do templo e lhe diz: Joga-te do alto, pois – ele acrescenta maliciosamente – a Bíblia diz que os anjos te carregarão em suas asas. A tentação de Cristo, mas também a tentação do padre, é a de ser espetacular, de ser uma estrela, de ocupar o centro das atenções. Olhem só, eu não sou um sujeito espetacular? Olhem para mim, prostrem-se aos meus pés!

A terceira tentação de Jesus, a tentação do padre, é a tentação do poder e da influência. O diabo diz: se você me adorar, eu lhe darei todos os reinos deste mundo. A tentação do poder é a tentação de ter controle sobre os outros, poder dirigir os outros, prever suas ações. Pode ser a tentação de estar no topo do sistema, de ocupar a mais alta posição na hierarquia. Esse é o poder evidente. Muito mais sutil é o poder de controlar as pessoas por meio de uma amabilidade, gentileza e diplomacia calculista ou por meio de uma afirmação positiva: você será recompensado sempre que fizer o que eu quiser – o "condicionamento operante" (B.F. Skinner) não funciona só em ratos, mas também em pessoas.

Todas essas são as tentações de Jesus no início de sua vida pública. Como padre, eu enfrento essas mesmas questões. São as tentações de uma pessoa forte, de uma pessoa que tem consciência plena de suas forças, que se sente bem física e espiritualmente.

No sofrimento, a tentação se torna mais insidiosa. "Minha alma está mortalmente entristecida. Fiquem aqui e vigiem comigo" (Mt 26,38), Jesus diz aos seus amigos no Jardim de Getsêmani. Aqui, o mal não tenta controlar o outro por meio de sua influência sobre ele e de levá-lo a se colocar acima do outro, aqui a tentação conseguiu penetrar o âmbito mais íntimo da pessoa. A nossa alma, trazida à vida por Deus para que ela responda a Ele, à vida com Ele, parece perder a sua clareza. Ela já não é mais uma bacia cheia de água cuja superfície reflete a face de Deus. A água está turva.

"Meu Deus, meu Deus, por que me abandonaste!" (Mt 27,46), exclamou Jesus na cruz. São as primeiras palavras do Salmo 22. Ele não consegue mais enxergar Deus, ele não o ouve mais, seu sofrimento turvou a sua alma. Ela se parece com um lago que já não contém oxigênio suficiente e está prestes a entrar em colapso. A tentação da pessoa enfraquecida é o desespero.

> Minha salvação fica longe, apesar das palavras do meu lamento. Meu Deus, clamo de dia, e não respondes; de noite, porém não encontro sossego. Tu, porém, és o Santo, entronizado para o louvor de Israel. Em ti confiaram nossos pais; confiaram, e tu os libertaste;

> clamaram a ti e ficaram livres, confiaram em ti e nunca foram decepcionados. Mas eu sou um verme e não mais um homem, injuriado pelos homens e desprezado pelo povo. Todos os que me veem zombam de mim, torcem os lábios e meneiam a cabeça: "Volta-te para o Senhor! Que Ele o liberte, que o livre, já que o ama!" (Sl 22).

O último verso é o pior. Talvez o pior verso de sofrimento que se encontra na Bíblia: a confusão, saber que existe um Deus, mas sentir que Ele não me ama mais, que Ele me repudiou.

Na santa missa, eu rezo com todas as forças contra essa confusão última, contra esse caos espiritual, contra esse desespero interior. Depois de cada Pai-nosso na Eucaristia, eu recito:

> Livrai-nos de todos os males, ó Pai, e dai-nos sempre a vossa paz. Ajudados pela vossa misericórdia, sejamos sempre livres do pecado e protegidos de todos os perigos, enquanto, vivendo a esperança, aguardamos a vinda do Cristo Salvador.

Como saímos disso? Ainda existe alguma porta que possa ser aberta, que permita a entrada de luz? Quando lemos o Salmo 22 – uma oração que Jesus conhecia desde a sua infância e que Ele recitou na hora da sua morte – entendemos por que essa oração lhe era sagrada, tão sagrada que Ele a guardou para o pior momento de sua vida.

> Na verdade, és tu que me tiraste do ventre materno e me confiaste aos seios de minha mãe. Desde o nascimento fui entregue a ti, desde o ventre de

minha mãe és tu meu Deus. Não fiques longe de mim, pois o perigo está perto, e não há quem me ajude (Sl 22, 10-12).

Temos aqui uma das afirmações mais importante para um judeu fiel: a redenção está na lembrança. Quando não consigo perceber a presença de Deus no sofrimento atual, quando tudo está turvo e eu só consigo perceber o presente de modo confuso, então devo confiar naquilo que eu sabia no passado, naquilo que eu conseguia acreditar. Quando me lembro de onde vim, da vida que eu tive até agora, quais situações eu superei desde o ventre da minha mãe, quando me lembro dos momentos em que Deus esteve próximo, que eu já pude agradecer a Ele pela criação, pela minha vida e pela minha felicidade. Devo me agarrar a isso, devo evocá-lo e fixar os meus olhos nisso. Talvez este seja um dos atos mais difíceis de fidelidade a Deus.

Eu não te vejo agora, eu não te ouço agora, mas houve um tempo em que eu tive conhecimento de ti. Tu és o meu Deus e continuas sendo o meu Deus.

Sofrimento de Cristo, confortai-me.

Justamente o sofrimento de Jesus deve me fortalecer? Para muitas pessoas, a morte decepcionante de Jesus na cruz é um motivo para deixar de crer. Que força pode haver no sofrimento de Cristo? Ele simplesmente suportou, não fez nada ativamente contra tudo o que vivia! A fim de entender a mim mesmo, a fim de saber como eu funciono em meu sofrimento, o sofrimento de Cristo me serve como espelho.

Quando olho para Ele, quando tento entender o sofrimento dele, eu entendo melhor a mim mesmo em meu próprio sofrimento. Para mim, isso é um exercício espiritual. Isso já evitou que outras pessoas enlouquecessem de medo.

Lembro-me de Dietrich Bonhoeffer, que, pouco antes de ser executado, foi visto em sua cela em oração, para enfrentar o calabouço de cabeça erguida. Deve haver uma força no sofrimento de Jesus. Outras pessoas já a receberam e eu quero, pelo menos tentar me aproximar dela um pouquinho.

Acredito que o sofrimento nos confronta com a maior tentação – a tentação de amaldiçoar Deus, de perder a fé. Mas eu sei que Jesus já esteve no lugar dessa escuridão e confusão antes de nós. Não existe distância de Deus na nossa vida que Jesus não tenha experimentado antes de nós. E é lá que Ele espera por nós. Pois Ele sofreu pessoalmente, clamou pessoalmente por Deus nos lugares em que nós clamamos por Ele. Ele já tomou sobre si uma parte da nossa confusão, uma parte do nosso sofrimento. Lá no fundo, no sofrimento dele, Ele espera por mim e assim poderá me dar aquilo que eu preciso para superar o meu sofrimento. Isso me fortalece de antemão. Isso me fortalece e me encoraja para a vida, para os pequenos e os grandes obstáculos do medo, pois eu sei que não posso cair no nada, que não existe nenhum abismo de desespero pelo qual Deus não tenha passado antes de mim.

Paixão de Cristo, confortai-me.

9
Amor e ira

* * *

Ó bom Jesus, ouvi-me.

Eu rezo ao bom Jesus? Não, não rezo. Essas não são as palavras que eu uso. Normalmente, simplesmente me dirijo a Jesus. Mas essa oração muito antiga diz: *O boné Jesu exaudi me.* É o bom Jesus que deve me ouvir. Por quê? Por que precisa ser o bom Jesus que me ouve? Parece até que existe também um Jesus malvado, o Jesus que não é bom.

Eu acredito que o bom Jesus também tem um outro lado. Mas esse outro lado não é malvado, é irado, um Jesus muito irado. E como se essas grandes emoções dentro de nós fossem os dois lados da mesma moeda, como cara e coroa: de um lado estão o amor, a bondade, a mansidão. Do outro, a ira, a raiva, a explosão. No entanto, a ira não é o oposto de amor. Eu acredito que a ira faz parte dele. Uma pessoa que não consegue se irar não sabe amar de verdade. A ira é uma forma de amor, de um amor profundamente ferido, desprezado, traído.

Um amigo namorou uma estudante por muito tempo. Por muitos anos foram um verdadeiro casal. Ele queria se casar com ela depois da faculdade, isso estava claro para ele. Certa noite, ele me ligou pouco antes da meia-noite. Eu soube imediatamente que algo havia acontecido. Sua voz tremia e era como se ela tivesse presa na sua garganta. A minha namorada tem outro, disse ele. Descobri isso hoje; ela leva uma vida dupla, comigo e com outro homem, há anos. Fui traído, enganado. Ele disse ao telefone.

Entrei no carro e fui até a casa dele na mesma hora, eu o encontrei desesperado e escandalizado. Chocado, humilhado e com os nervos à flor da pele, como que paralisado. Alguns dias depois, quando a paralisia desapareceu, veio a raiva. Ela emergiu nele com força.

Quando ele falava sobre a namorada, a ira estava estampada no seu rosto. Eu gritei com ela, ele contou, gritei com ela como um touro. Eu não queria que o meu coração se transformasse em uma cova de ódio, disse ele.

Eu nunca o tinha visto com tanta raiva, tão louco de raiva. E acredito que ele não teve outra opção, ele precisava levar seus sentimentos a sério. Sobretudo, ele não teve outra opção se quisesse levar a sério a namorada e o seu amor por ela. Ele precisava enlouquecer de raiva, porque a amava loucamente.

Jesus também conhecia essa loucura. Há histórias na Bíblia em que Ele perde o controle, em que Ele não é o pregador itinerante relaxado que fala das aves no céu e das flores no campo. Existem histórias na Bíblia em que Jesus não é o curador que se importa com os marginalizados e leprosos, cujo coração bate pelos pobres. Existem passagens na Bíblia em que Ele não é o homem carismático iluminado por Deus do qual homens e mulheres, jovens e idosos, enfermos e saudáveis, gostam de se aproximar. Existem palavras que Jesus dá vazão irrefreada à sua ira.

No Evangelho de Marcos, quando Ele alerta os seus discípulos contra a sedução de outras pessoas, Ele insiste: "Quem escandalizar um destes pequeninos que creem, melhor seria para ele se lhe atassem uma pedra de moinho ao pescoço e o jogassem no mar" (Mc 9,42).

Aquele que seduz os outros ao mal é condenado à morte pelas palavras de Jesus. E Ele não se apresenta como um juiz frio, como se estivesse dizendo: "Temos uma lei, e segundo essa lei, ele deve morrer". Não, Ele é um juiz cheio de paixões. É uma sentença sem condicional. Absolutamente clara. Não há atenuantes. O sedutor não terá uma morte misericordiosa, como se ainda houvesse clemência em uma morte rápida por meio da decapitação ou do enforcamento. Aquele que seduzir os outros sofrerá, morrerá de medo, a pedra de moinho o fará sofrer muitas mortes antes de ser jogado no mar. Ele irá suar água e sangue e sentir no próprio corpo o que aprontou. Uma morte lenta e dura. Isso parece cruel, parece ser vingança, mas não é.

Todo animal enlouquece quando sua cria é ameaçada. A cadela se transforma em hiena quando os seus filhotes são ameaçados. A porca se transforma em um javali mortal quando alguém tenta tirar dela um leitão. A mãe que ama o seu filho se transforma em fúria quando alguém abusa dele. É uma lei natural. E Jesus também conhece esse sentimento de loucura em momentos em que alguém fere outra pessoa que Ele ama. Quem fere essas pessoas, fere Jesus ao mesmo tempo. Quem seduz para o mal os pequeninos que acreditam nele, abusa também de Jesus.

Eu sei que, algum dia, Jesus me julgará. Sei que pode ser diferente do que eu imagino agora. É possível que as decisões que eu tomei tenham sido contrárias à sua vontade. Que eu tenha ferido pessoas que eu não quis ferir, mas que não pude evitar isso por conta do meu ofício.

A minha vida como padre é, às vezes, igual à política. Não importa a decisão que eu tome, alguém sofrerá com ela e será ferido por ela. Mas, talvez, o juiz Jesus me dirá: isso não é verdade, você tinha alternativas. Não as viu? Você não se esforçou o bastante e não procurou uma alternativa. Então precisarei de um juiz misericordioso, o bom Jesus. Não preciso de um juiz justo que me confronte com a verdade nua e crua e então me sentencie com uma morte lenta e sofrida. Anseio por um juiz bondoso, por uma justiça carinhosa.

Ó bom Jesus, ouvi-me.

10
Sou eu quem bate

* * *

Dentro das vossas chagas, escondei-me.

Hamburgo, sala dos acionistas. O técnico verifica o microfone preso à minha cabeça e a conexão com o transmissor na minha cintura. "O senhor não precisa puxar o microfone para a frente da boca, basta que ele aponte para o canto dos seus lábios. E eu lhe dei o microfone cor de pele. A partir da quinta fila ninguém conseguirá vê-lo". Peço que, depois da saudação pelo moderador, o púlpito seja empurrado para o lado. Quero poder me movimentar no palco, falarei por 45 minutos.

O departamento escolar da arquidiocese de Hamburgo havia organizado o evento anual na sala dos acionistas. A sala estava lotada, mais de 500 convidados estavam lá. Diretorias, professores, associações de pais de todas as escolas católicas da arquidiocese de Hamburgo, além de representantes da administração da diocese, do departamento escolar da igreja e do senado da cidade, sem falar dos dois grupos de alunos responsáveis pela parte musical do evento.

A sala alta e esplêndida. Ela transmite a diligência e o orgulho dos comerciantes hanseáticos. Eu havia sido convidado não como provincial da minha ordem, mas como ex-diretor de uma escola. Antes de subir ao palco, presto atenção em minha respiração. Digo a mim mesmo: respire devagar e com calma, expire profundamente. Minha tensão aumenta, mas não estou tão nervoso quanto esperava. Mal começo a falar já me sinto à vontade olhando para os rostos, mudando o timbre da minha voz, desenvolvendo raciocínios, formulando teses, contando histórias e criando imagens nas mentes dos ouvintes. Há rostos aos quais retorno sempre de novo. Não é que eu os fixe, mas nos poucos segundo em que me concentro naquele rosto, tenho a impressão de estar falando só com aquela pessoa e ignorando as outras 499. Adoro olhar para o rosto de um indivíduo. Sinto-me completamente à vontade. Ouço minha voz saindo pelo sistema de som em ritmos diferentes, em timbres diferentes. Aproveito ao máximo esse momento. Isso nem sempre foi assim.

Quarta série. Todos estão olhando para mim. Tenho nove anos de idade. "Este é o Heiner Wilmer", diz o fonoaudiólogo. "Heiner gagueja".

Quando ele diz isso, o sangue começa a latejar na minha cabeça. Desvio meu olhar, olho para o chão e começo a suar. "Quero contar para vocês o que é gaguejar", o fonoaudiólogo continua. "Quero falar sobre o que Heiner e eu fizemos nos últimos seis meses." Sinto o sangue pulsar no meu pescoço. Sei que todas as outras crianças estão olhando para mim. Gotas de suor se formam na minha testa, as minhas mãos estão úmidas, tento secá-las nas pernas. De vez em quando, olho de relance para os outros, para ver como estão reagindo. Tudo isso é vergonhoso, muito vergonhoso. De longe, ouço a voz do fonoaudiólogo.

Já cedo de manhã, ele tinha vindo da cidade para a nossa fazenda. Tinha tomado o café da manhã com os meus pais e comigo, porque queria conhecer a minha família e o meu ambiente. Então me mandaram acompanhá-lo a pé até a escola. A pé! Normalmente eu percorria os 800 metros de bicicleta. Ele andou no meio da estrada, um cara gigante. Quando ele dava um passo, eu dava três. Ele se movimentava tão rápido que, de vez em quando, eu tinha que correr para não ficar para trás.

"Quando Heiner gagueja", ele continuou, "isso não é um defeito de nascença".

Cale a boca!

"Alguém pode começar a gaguejar" – *só cale a sua boca, seu traidor*, enquanto ele continua despreocupadamente: "mas isso pode desaparecer de novo, contanto que ele faça alguns exercícios. Por isso, Heiner e eu nos encontramos semanalmente durante os últimos seis meses, e fizemos exercícios juntos..."

Eu odeio você! Odeio a mim mesmo e odeio você. Não quero mais ouvir o meu nome.

"... e eu também dei tarefas de casa para Heiner. Quero lhes mostrar alguns desses exercícios."

Ele se vira, pega um pedaço de giz, escreve no quadro-negro, e eu paro de respirar, ele realmente escreve aquilo e fala em voz alta: "a-ra-bla-as. O-ro-blo-so. U-ru-blu-su. E-re-ble-se...". Os meus colegas de turma olham para o homem junto ao quadro-negro, olham para mim, voltam a olhar para ele. Alguns olham de boca aberta, outros já estão rindo, e outros tentam segurar as gargalhadas colocando a mão na boca. Esse cara é louco, alguma coisa tá errada na cabeça dele. Ele pirou. Os seus rostos me dizem que é isso o que eles estão pensando, ninguém diz nada, seria uma pena interromper o espetáculo lá na frente, e olhem só esse palhaço idiota (eu)!

"E agora é você, Heiner!" Novamente ouço o meu nome, sinto-me completamente despido na frente das outras crianças, e agora ele tira de mim a última coisa que me protegia, o silêncio. Ele quer que eu fale na frente de todos.

"A-ra-bla-as", eu começo em voz baixa, e enquanto a risada dos outros se torna mais audível, sinto que estou perdendo algo naquele momento. Dignidade, proteção? Eu não sei, a minha vergonha é infinita, ao mesmo tempo, odeio o professor e a mim mesmo, como se eu fosse culpado por não saber falar direito. E aqui acabam as minhas lembranças. Minha memória interrompe a cena. Talvez porque tenha sido terrível demais.

À noite, eu sempre rezava com minha mãe e meu irmão junto à cama. Até os dez anos de idade, ele e eu compartilhávamos o mesmo quarto e a mesma cama. Durante anos, a oração da minha mãe sempre terminava com a invocação da Irmã Maria Euthymia Üffig, uma religiosa do vilarejo vizinho que é muito venerada na nossa família. Minha mãe encerra a oração, dizendo: "Irmã Maria Euthymia, ajuda-nos com a nossa petição", então mamãe olhava para mim e dizia: "e ajuda também o meu filho a estudar e a falar". Estranhamente, essa oração sempre me deixava triste.

As intenções da minha mãe eram boas, tenho certeza disso. Ela não tinha como saber que essa oração gerava justamente aquilo que tinha me levado a gaguejar, a pressão. Essa pressão não resultava somente da oração, é claro, essa pressão era exercida por meu pai e até pelo meu avô, e eu a sentia também na escola. Acredito que não consegui falar direito por tanto tempo porque eu tinha medo de ser lento demais ou de não cumprir a tarefa com a rapidez esperada.

As coisas não melhoraram muito com o fonoaudiólogo. Houve situações no ensino fundamental e ainda no ensino médio em que eu sofria muito com a minha dificuldade de falar especialmente as palavras que começavam com "h" ou com o som de "k" podiam ser muito difíceis para mim. Principalmente quando eu me sentia pressionado. Era como se eu não tivesse ar suficiente para pronunciar a palavra inteira, como se o ar terminasse depois da primeira sílaba. Era como se eu passasse de bicicleta por cima de um caco de vidro e o pneu perdia o ar dentro de instantes.

Na aula de biologia, o professor fez uma pergunta e eu levantei o braço: "Essas frutas são de um co... co... – "Ele disse coco! Ele disse coco, coco, coco!" grita um colega em voz tão alta que todos o ouvem. "Calma", diz o professor. "Foi sim", grita um outro, "eu ouvi, o Heiner disse coco!" – "Maldição, já chega. Calem a boca e deixem-no falar!" O professor me encoraja a continuar, e eu digo: "essas frutas são de um co... coqueiro".

Na aula de alemão, a situação não era melhor. O professor explica a gramática rapidamente. Eu quero corrigir algo no caderno para evitar um erro nas tarefas de casa e na próxima prova, eu me viro para o colega ao meu lado e digo: "ha... ha... ha..." – "Ei, eles contaram uma piada!", sussurra um aluno em voz alta. Os outros começam a conversar entre si. "Silêncio", diz o professor. "Eu quero ouvir a piada!", grita um outro. "O Heiner até chegou a rir! Eu quero rir também!" – "Agora chega!", braveja o professor e bate na mesa. "A gramática alemã não é piada!" Todos se calam imediatamente, eu também.

Parei de gaguejar no ensino superior. Bem, na verdade, não, mas ninguém percebia. As palavras que começavam com "h" ou com som de "k" ainda eram um problema de vez em quando. Às vezes, eu conseguia pronunciá-las sem problemas. Mas, às vezes, eu sabia que não ia dar certo. Eram poucas as palavras que começavam com a letra com o som de "k" ou a com a letra "h" que eu percebia que não conseguiria dizer de uma vez só. Então eu procurava sinônimos, e os encontrava. Numa aula de religião na 12ª série, eu quis dizer: "na história, a Igreja Católica se renovou várias vezes a partir da base". Mas eu sentia que, depois das palavras "na história, a Igreja..." eu não conseguiria articular perfeitamente a palavra "católica", e então eu mudei a frase rapidamente e disse: "Na história, a Igreja Romana se renovou várias vezes a partir da base". Num outro contexto, substituí a palavra "casa de Deus" por "Igreja". O que me salvou foi o meu ótimo vocabulário. Os sinônimos me ajudavam a esconder a minha deficiência na fala e, finalmente, a evitá-la por completo. Eu deixei de passar vergonha. E me acalmei.

Mas, talvez, a calma tenha vindo primeiro, e a calma me ajudava a encontrar as palavras certas. No fim do ensino médio, um professor me chamou depois da aula, quando todas as crianças já tinham saído e disse: "Heiner, não se pressione, fique calmo quando for falar. Você consegue. Pense naquilo que você quer dizer. Imagine-se debaixo da mesa, dizendo a si mesmo o que pretende dizer aos outros. Então faça uma pequena pausa, e tudo virá naturalmente".

Debaixo da mesa. Lembro-me de ter me perguntado o que ele queria dizer com isso – falar consigo mesmo debaixo da mesa. Ele queria que eu realmente me escondesse debaixo da mesa e ressurgisse depois? É claro que não. Mas interiormente, sim. E foi o que fiz. Eu me imaginava debaixo da mesa e formulava a palavra secretamente bem ali, onde ninguém me via. Debaixo da mesa, eu podia brincar com a palavra, virá-la de um lado para o outro e prepará-la, minha respiração não me abandonava, ninguém olhava para mim. De alguma forma, isso me ajudou. As palavras começaram a se desenvolver e desdobrar dentro de mim. Eu tinha a impressão de que elas flutuavam informes na minha alma e amadureciam, prontas para se manifestar com uma forma clara e distinta.

Mesmo assim, esse gaguejar abriu uma ferida dentro de mim. Quando eu era professor e diretor, nunca falei sobre isso. Não porque ninguém teria acreditado. Eu poderia até fazer gracejos com a deficiência que, agora, fazia parte do meu passado. Não, a minha incapacidade de falar "direito" durante toda a minha infância e juventude tinha me enchido de vergonha, como uma ferida que eu não conseguia enxergar nem tocar, que não conseguia entender. O que eu sentia era culpa.

E essa ferida, que fazia eu me sentir tão sujo porque ela era visível a todos e ardia sempre que o descuido de um professor a abria de novo, sempre que um garoto cuspia nela, sempre que os outros me imitavam. E a ferida começou a criar pus. É o que acontece com feridas constantemente expostas à sujeira do mundo. Poucos dias depois de eu ser exposto por aquele fonoaudiólogo, que me despiu na frente de todos os outros, retirou o curativo para que todos pudessem ver a minha ferida e ainda me obrigou a dizer "a-ra-bla-as, o-ro-blo-so" – poucos dias depois eu perdi totalmente o controle por causa de uma besteira. Para mim, é o melhor exemplo daquilo que pode acontecer quando as feridas de uma pessoa se rompem, é começar a criar pus e a feder. Eu tinha alcançado esse ponto.

Aconteceu na nossa fazenda, num pequeno bosque. Eu tinha construído uma barraca com uma lona velha de cor branca. Um galho sustentava a lona. Para mim, essa barraca era o meu pequeno reino, o meu espaço de proteção. Eu ficava sentado em um banquinho que eu mesmo havia construído com alguns pedaços de lenha. De vez em quando, soprava uma brisa leve e as folhas da árvore acariciavam a lona branca. A luz do sol que batia nas folhas se transformava numa linda luz suave. Num pequeno baú de madeira, eu guardava o meu estilingue sagrado, que eu também tinha feito. A borracha vermelha vinha de um vidro de composta e era completada por um pequeno pedaço de um velho pneu de bicicleta. Naquele baú, eu guardava também alguns pregos tortos. Eu os tirava um por um, e sentia com os dedos sua textura lisa. Sem falar. Sem ter que falar. Talvez eu cantarolasse algo de vez em quando. Aqui eu me sentia muito feliz e ninguém me perturbava.

Eu tinha construído esse abrigo uns dias antes, e eu sempre ansiava por me esconder nele quando voltava da escola. Ainda mais agora que o meu fonoaudiólogo tinha me exposto na frente de todos os meus colegas e eu não queria conversar com os meus pais sobre o vexame que tinha passado. Eu estava com raiva do meu irmão caçula desde aquele dia. Não sei por quê. Ele me dava nos nervos porque era pequeno, porque fazia perguntas estúpidas, porque era muito lento. Tudo me irritava. Eu não tinha paciência quando ele queria brincar comigo. Eu não gostava de mim naqueles dias, muito menos dele.

Então, um dia eu voltei da escola, almocei com a família, fiz os meus deveres de casa às pressas e fui até o pequeno bosque para me esconder na minha barraca. Ela havia sumido. Já de longe, consegui ver que a lona tinha caído e que o galho tinha sido derrubado, e quando me aproximei, entendi o motivo: a cabeça do meu irmãozinho apareceu por baixo da lona, um pouco assustado e envergonhado, e eu perdi o controle.

Tentei pegá-lo, mas ele escapou. Peguei um martelo que estava no chão na frente da lona e, sem dizer nada, comecei a persegui-lo. Ele gritou. Gritou feito um louco. Entrou em pânico porque nunca tinha visto aquela expressão no meu rosto. Eu só queria uma coisa: acertar a cabeça dele com aquele martelo. Seu rosto idiota. Eu estava com tanta raiva deste mundo maldito, de mim e dele. Achava que ia explodir se não o pegasse. A minha ferida já não conseguia conter o pus, e o pus jorrava e turvava minha visão. Eu tinha um único objetivo: ferir para acalmar e esconder a minha ferida. Eu não sou o gago! Eu sou Heiner e eu bato! Não sou o gago idiota! Você vai ver!

Assim persegui o coitado do meu irmão pela fazenda com uma única intenção: acertar o martelo na cabeça dele. E no meio da correria eu tropecei quando alguém, vindo do lado, me segurou. Era a minha mãe. Ela me segurou pelo braço, no punho, que segurava o martelo: "Heiner", ela gritou, "Heiner, você perdeu o juízo?" Eu bufava. Mal conseguia respirar, fixado em meu irmão que, chorando, tentava se proteger em algum canto. Eu só via pânico em seus olhos.

A minha memória interrompe a cena aqui. Não quero me justificar, mas, na época, eu não aguentava mais. O dia a dia na escola como gago. Aquele momento na frente da turma, aquilo foi demais, o pus precisava escorrer da ferida, a pressão precisava escapar de um jeito que, se eu tivesse sido bem-sucedido, teria me atormentado até o fim da minha vida.

Basta imaginar que se eu tivesse pego o meu irmão... Como eu poderia continuar a viver com aquilo? Uma ferida produz a próxima. E o pior é que, na época, como criança, eu nem era capaz de dizer qual era a minha ferida. Também não sei se o meu irmão não levou a sua ferida para o jardim de infância e a transmitiu para outra criança. Ele também não teria conseguido identificá-la.

A culpa se espalha como um vírus. E não importa se queremos isso ou não, se achamos isso justo por parte de Deus ou não. Não importa. Quem olha para o mundo vê que causamos feridas e que somos feridos. O fonoaudiólogo que me fez passar vergonha na frente da turma, ele tinha culpa? Talvez ele pensasse que estava fazendo o bem e me ajudando. Minha mãe e a ambição na família dela, a pressão que ela gerava inconscientemente, não era a mesma pressão que ela sofria? Por que o irmão dela também gaguejava? Havia sido o pai dela que tinha introduzido essa pressão na família, ou será que ele também já tinha experimentado a mesma coisa e não conhecia outro jeito de viver? Dizem que ele costumava repreender o meu tio na frente dos outros. Por quê? "Porque é bom tratar o garoto com dureza", ele teria respondido. De onde veio isso?

Todos os dias, encontro pessoas cuja frieza e desconfiança não é simplesmente culpa delas. Penso nas mulheres que visitei na prisão no meu ofício como padre. Em quase todos os casos eu diria que eram criminosas. Não estou relativizando os crimes que cometeram, mas eu sei que feridas profundas em crianças costumam gerar pecados profundos, que existem feridas que não têm nome. E essas costumam ser as mais perigosas. Muitas vezes, os criminosos têm feridas profundas. Vejo o poder que esses ferimentos sem nome têm, e vejo também que esses ferimentos não geram apenas uma falta de gentileza, mas que eles se propagam ativamente na pessoa.

Existem feridas que as pessoas só podem imaginar dentro de si, pelas quais não podem nem brigar com os pais porque não sabem de onde elas vêm. Antes deles, os pais também sofreram anonimamente. Talvez sejam essas feridas sem nome que tentam se esconder e que mais sentem vergonha, que buscam algum disfarce e acabam se vestindo com um crime.

Hoje em dia, somos a favor da verdade nua e crua – eu também. Quando fico sabendo de um crime, eu quero que ele seja solucionado. Mas o mal do passado, que se espalha nas feridas sem nome das crianças – não tenho certeza se é possível desvelar esses pontos secretos com tanta facilidade. O que adiantou quando o fonoaudiólogo me desnudou na frente da turma inteira como gago? O que adiantou todos ouvirem e saberem? "h, olhem só, o Heiner gagueja". E o gaguejar em si nem era a ferida. Essa se encontrava escondida num lugar muito mais profundo, em algum lugar entre a minha ambição e a minha impaciência comigo mesmo. No meu passado, nos meus genes ou na impaciência do meu avô.

Creio que não conheço muitas feridas que ainda existem dentro de mim. Se eu fosse casado, é provável que a minha esposa identificasse uma ou outra. Na ordem religiosa em que vivo eu certamente sou confrontado com algumas delas. Isso demora, eu só percebo que o meu medo vai aumentando e eu sinto o desejo de me defender. Estou ciente de que existe uma ferida dentro de mim, que se escondeu na maldade.

Eu acredito que as feridas se comportam muitas vezes como Adão e Eva depois da queda no paraíso: elas querem se esconder, sentem vergonha porque estão nuas. E então elas se vestem e se armam com palavras maliciosas, com a injustiça.

Não conheço todas as minhas feridas, nem todas as feridas dos meus pais, nem todas as feridas que eu mesmo causei. Algumas permanecem sem nome.

E é aqui que está o perigo. É uma sabedoria muito antiga dos mitos e dos contos de fada: nomes dão poder. Rumpelstichen só foi contido porque seu nome foi descoberto e pronunciado. Talvez devêssemos conceder a essas feridas sem nome um esconderijo no qual elas poderiam se curar.

Um esconderijo, em que elas não precisam se expor a um mundo tão ferido que tende a dar outro golpe naquela minha ferida. Um esconderijo que elas possam encontrar o seu próprio nome.

Dentro das vossas chagas, escondei-me.

Quando Jesus foi preso, um dos discípulos tentou cortar a orelha de um soldado. E ele conseguiu. Jesus tomou a orelha e a colocou de volta. O eterno ciclo vicioso que nos obriga a repassar ferimentos ao próximo começa a ser interrompido aqui. Acredito que ele alcançou o auge nas feridas que as pessoas causaram em Jesus. Não existe pus nessas feridas, delas não escorrem vingança. São as feridas de Deus, talvez o único lugar em que as nossas podem ser curadas.

Penso na barraca que tentei construir para mim, ela não durou. E penso também na frustração que eu engoli, na ferida do meu gaguejar que tentei esconder, ela não permaneceu oculta, ela foi arrastada para a luz.

Imagino as feridas de Deus como um lugar que não preciso mostrar nem provar nada. Não preciso nem dizer o que está doendo, por que estou sofrendo. Eu nem sei o nome de tantas feridas, e eu sei que o mundo não pode me ajudar a encontrá-lo. Acredito que isso só é possível num lugar em que me sinto refugiado, abrigado, no lugar que o mundo não pode destruir, nas feridas de Deus.

Procuro um esconderijo mais sólido do que a minha barraquinha de então. Procuro um nome para as minhas feridas que revela toda a verdade, não só metade dela. Procuro um lugar em que as minhas feridas possam curar porque são tratadas pelo Único que realmente conhece o seu nome.

Quando fecho os olhos, sinto que esse lugar já começou a existir. E quando o expresso, ele já me acolhe:

Dentro das vossas chagas, escondei-me.

11
Houve química entre nós

* * *

Registro civil, final da década de 1980. Na mesa tabeliã se encontra, além do livro de registros, um lindo tecido branco, em cima deste, duas pombas de porcelana, e alguém jogou confete prateado por cima de tudo isso. Essa ainda não é a razão pela qual estou prestes a perder o controle.

O fato de que um padre está sentado na cadeira de madeira ao lado da noiva, que está prestes a se casar, também não é a razão pela qual estou prestes a perder o controle. Esse não é o casamento de um confrade para o qual fui convidado. Não.

Mas é a primeira (e, infelizmente, não a última) vez que eu me irrito. Quando a oficial do registro civil lê a citação que o casal escolheu como lema para o casamento, estou prestes a sair da sala e de bater na porta: "se eu falar as línguas de homens e anjos, mas não tiver amor, sou como bronze que soa ou tímpano que retine" (1Cor 13,1). Um pensamento forte de São Paulo. É um texto que muitos escolhem para o seu casamento, mas nessa cerimônia, esse versículo me enfurece. Eu me irrito não porque considero inapropriado citar a Bíblia quando se trata de um profundo afeto humano, quando existe a vontade de moldar a vida com outra pessoa. Não, eu fervo por dentro porque, evidentemente, alguém está sugerindo aqui: "vejam, agora encontrei o amor, aquilo que Deus exige do ser humano. O amor que é maior do que tudo, o amor benigno, que não se orgulha, que não se envaidece (1Cor 13,4). Como eu poderia desobedecer a esse impulso divino?" E então fazem de conta que, no passado, durante a vida como padre, tudo era mais importante do que o amor.

"Não é bom que o ser humano esteja só" – outro versículo da Bíblia que já ouvi no casamento de um padre. Não consigo interpretar isso de outra forma senão que ele esteja dizendo a todos nós: "não é bom que o ser humano esteja só, reconheci isso agora. Por isso, quero desistir do celibato e do sacerdócio, por isso esse novo passo. E ninguém pode me criticar por causa disso, afinal de contas trata-se de amor. Qual de vocês teria a ousadia de dizer algo contra o amor ou contra São Paulo, que disse tantas coisas lindas sobre o amor?"

Como se antes ele tivesse vivido na escuridão, mas agora ele está vivendo na luz. Como se antes ele nem tivesse sido humano, pelo menos não um ser humano com sentimentos profundos, emoções grandes e paixão infinita. Principalmente, porque fazem de conta que o sacerdócio nada tem a ver com amor e paixão. E é exatamente isso que eu vejo como uma ofensa, como um ataque contra mim mesmo e contra todos os outros padres.

Às vezes, suspeito que essas citações bíblicas não se dirigem ao parceiro ou à parceira, mas ao curso de ordenação do ex-padre. Ele está se dirigindo aos seus colegas – provavelmente sem se dar conta disso – é para eles que ele está dizendo algo, é a eles que ele está visando: "vocês ainda não entenderam. Vocês estão no caminho errado. Vocês estão perdendo a vida, vocês estão ressecados por dentro, mas eu já estou um passo à frente. Agora, a minha vida é autêntica. A minha vida obedece ao impulso profundo da existência humana. Ao contrário de vocês, a minha vida pertence ao amor". E é justamente essa suposição que eu vivencio como ofensa descarada. Já houve em sua vida um momento de entrega total ao amor. Ele tinha se lançado nesse amor, tinha caído de joelho e se prostrado diante dele. Com o rosto na poeira!

Se ignorarmos o Batismo por ora, não existe sacramento que ressalta tanto o corpo de um ser humano como a ordenação ao sacerdócio.

O regente exclama: "Heiner Wilmer?"

Eu respondo: "Estou pronto".

"Levanta-te e apresenta-te."

Pouco tempo depois estou de joelhos, depois me deito no chão. Ao lado dos meus irmãos, prostrado diante do altar.

Sinto minha respiração e, sob o tapete vermelho, as antigas e frias placas de pedra, enquanto isso a nave da igreja vibra, pois todos os fiéis invocam todos os santos: "Intercedei por nós" – sem parar – não estou sozinho, estou deitado no chão e sou suportado pelas vozes, orações e intercessões. A minha testa se apoia nas minhas mãos. Eu fecho os olhos – começa a visão interior. Estou completamente comigo mesmo, tento me entender e perceber, sentir a minha respiração, ouvir o meu pulso, o olhar voltado para o outro, para Deus, tornar-me eu no tu e entregar o eu ao tu.

Eu me levanto. Nós nos ajoelhamos. O bispo reza sobre nós e o silêncio é absoluto. Durante o silêncio, ele vai até

Thomas, depois até Franz e então é a minha vez. Estou de joelhos e cabeça curvada – ele impõe as mãos sobre a minha cabeça e me ordena. Suas mãos são grandes, as pontas dos seus dedos tocam a parte de trás da minha cabeça. E então esse silêncio é invadido pelos outros padres. Um após o outro, eles se colocam diante de mim, ainda de joelhos, e impõem as suas mãos. Como que para selar um pacto de amor totalmente desmerecido e uma comissão que não é apenas grande, mas supera totalmente as nossas próprias forças. Se eu tivesse sozinho, sozinho para cumprir essa comissão, eu perderia o chão sob os pés.

O bispo se senta em uma cadeira na frente do altar. Nós ficamos de pé, subimos os degraus até ele, e um após o outro, lhe estende as mãos, se ajoelha diante dele, e ele pega as duas mãos, coloca a minha mão direita em sua mão esquerda, de modo que a palma da minha mão aponta para o alto, ele mergulha seu polegar no cálice com o óleo santo e unge as mãos. É um toque quase íntimo, como ele passa seu polegar pela palma da minha mão, uma intimidade que só vivenciei com a minha mãe na minha infância, e ele aceita toda a minha confiança e toda a minha entrega.

Estou vestido com uma roupa branca, como uma túnica, só que com uma corda ao redor do quadril. Na verdade, nem estou vestido, isso é apenas uma roupa de baixo. O padre da minha paróquia natal traz a casula. Ele me entrega a estola dourada. Quando a visto, ajo *in persona Christi*, essa é a simbologia. Eu beijo a estola, beijo a pequena cruz bordada, e então ele a coloca em mim. Volto a ficar de pé como uma criancinha de braços estendidos e espero até ele me vestir com a casula. E ele pergunta: "está confortável assim, meu jovem?" e todos estão radiantes de alegria. A tensão se dissolve, somos padres.

De repente ela estava aí. Cabelo longo, uma loira magra e alta. Ela estava de jeans e sapatos de couro verde. Eram sapatos fortes, suas solas grossas lhe davam uma aparência rústica. Isso lhe garantia uma aparência pueril, como se ela estivesse prestes a escalar uma árvore depois de uma palestra de filosofia para enfrentar os garotos selvagens. A testa larga e o nariz reto, o queixo e os lábios bem desenhados conferiam ao seu rosto uma harmonia clássica. Apesar de ser da Alemanha, a sua aparência me lembrava o povo mediterrâneo, sim, ela tinha algo de uma romana. Os olhos castanhos me fixavam e brilhavam, e o sorriso dela me encantou à primeira vista.

Ela estudava teologia. Durante o semestre, ela frequentava um círculo de estudantes que eu também conhecia, mas no qual eu aparecia só de vez em quando, afinal eu vivia no mosteiro. Obediência, pobreza, castidade. Ambos estávamos cientes dessa constelação. Ela estava no mundo, eu no mosteiro. Mas sempre que os nossos caminhos se cruzavam, eu me sentia atraído por ela. Sempre sentia essa pressão no coração.

Eu queria ter conversas longas com ela, fazer caminhadas extensas. Sempre que nos encontrávamos, tínhamos desculpas acadêmicas excelentes para o nosso encontro. Ela me encantava, mas isso era tudo por ora.

Alguns semestres depois, houve situações e momentos que me fizeram refletir. Nós nos entendíamos bem, tínhamos os mesmos interesses ou, pelo menos, interesses semelhantes. Nossa postura em relação à vida, à fé e à Igreja era igual. Gostávamos da teologia francesa, ríamos das mesmas piadas, amávamos a cozinha italiana e descobríamos cada vez mais pontos em comum. Ao mesmo tempo, ela tinha algo que eu não tinha; tinha talento para a música, tocava instrumentos diferentes e amava arte e moda.

Sentimos uma atração cada vez maior um pelo outro. No sentido estrito da palavra, nós não estávamos tendo uma relação, mas eu sentia que, querendo ou não, em breve eu estaria enfrentando um desafio enorme. Eu me assustei comigo mesmo quando comecei a imaginar uma vida com ela. Da parte dela, as falas e o comportamento me diziam que poderíamos ter algo mais duradouro, mais intenso. Nós nos encontrávamos, e quando nos despedíamos, eu sentia que isso não estava certo. Era como se a placa de gelo em que eu flutuava estivesse se inclinando, como se eu estivesse escorregando imperceptivelmente para os braços dela.

Prendê-la a mim em algum tipo de relacionamento difuso e não definido teria sido uma grande injustiça, eu sabia disso. Não só no caso de padres, mas também no caso de homens "totalmente normais", percebo como injustiça quando o homem não quer assumir o relacionamento com a mulher com que vive.

Fiquei com medo, não só de desistir do sacerdócio por ela. Vi o perigo que ela corria de perder a sua beleza para mim. No mesmo momento em que ela me convenceria a desistir do sacerdócio – eu sabia disso – ela não faria mais jus a mim mesmo e nem à nossa fé, ela se alienaria de mim e se tornaria menos linda. E vice-versa, é claro. Quando ela não quis mais me ver para proteger a si mesma (e a mim), isso foi muito difícil. Assim ela preservou algo especial, se tornou uma pessoa ainda mais especial aos meus olhos, tornando tudo ainda mais difícil e doloroso.

Doloroso para os dois. Quando reflito sobre isso, só posso dizer: o resultado poderia ter sido diferente. Conheço tantos religiosos e padres, que tomaram uma decisão diferente em situações parecidas. Apesar de não ter tido uma relação amorosa com aquela estudante, consigo imaginar o sofrimento pelo qual padres e religiosos passam quando se apaixonam, quando conhecem alguém que lhes abre perspectivas completamente novas e até então inimagináveis. Perspectivas que levam os dois a acreditar que eles podem crescer como seres humanos, amadurecer como personalidades. Não só no sentido de que o parceiro me fará bem, mas também que eu poderei dar algo ao outro. Gosto de ajudar o outro, gosto de me entregar a ele ou a ela, as energias da nossa vida confluem.

Conversei com muitas pessoas e sei como elas relutam quando, de repente, a vida lhes apresenta uma possibilidade totalmente nova, não importa se sejam celibatos ou casados. O dilema se torna ainda maior quando são confrontadas com o pensamento: não é possível que Deus não queira que eu recuse essa abundância de vida, essa abundância de amor e entrega. E talvez – pensam – o plano de Deus para cada um de nós sempre será maior do que ousamos imaginar. Talvez Deus realmente escreve reto em linhas tortuosas. Deus faz isso, eu tenho certeza. Mas acredito cada vez mais que a fidelidade aos votos, ao sacerdócio ou a um parceiro, não é algo que esteja exclusivamente em minhas próprias mãos. Eu posso ser o mais cauteloso que quiser, posso me sentir perfeitamente bem na minha existência como padre ou na minha vida como marido ou esposa, mas o sucesso da minha forma de vida não está nas minhas mãos. Eu não tenho esse poder. Isso é e sempre será uma dádiva. Não importa em que ponto eu esteja na vida: a fidelidade não é somente o resultado do meu desempenho na relação, é um presente de Deus. Fidelidade é, sobretudo, graça.

Sou grato pelas experiências com essa mulher, pois ela me tornou mais misericordioso. Sou grato por saber mais sobre a vida, mas isso não muda nada no fato de eu me enfurecer quando as pessoas sugerem que o amor entre um homem e uma mulher é a forma mais sublime do amor, e que o amor entre o ser humano e Deus nada mais é do que um produto secundário. Considero também uma piada sem gosto quando ex-padres distorcem versículos bíblicos para adequá-los à situação da vida que se encontram no momento, mesmo quando a contradição é gritante e todos os amigos são obrigados a assistir, aplaudir e reconhecer pela segunda vez; mas dessa vez ele está falando sério, esse caminho é realmente aquele que Deus quer para ele, o outro, bem, apesar dos versículos bíblicos que o abençoaram no início, talvez não tenha sido a vontade de Deus.

Acredito que faz bem a todos nós termos um pouco de humildade. Tanto padres quanto cônjuges, que não desistem do sacerdócio e do casamento, que desistem de tudo ou que veem tudo se quebrar em suas mãos. Dependemos de Deus. Que motivos temos para nos gabar?

Recentemente, um padre desistiu do sacerdócio. Eu gostava muito dele. Ele não desistiu por causa de uma mulher ou por causa de um homem, não desistiu porque queria se casar ou qualquer outra coisa, ele perdeu a fé. "A Eucaristia", ele me disse triste, "é para mim um pedaço de pão, só isso". Lembro-me de uma ordenação em que um colega de faculdade escolheu como lema a afirmação de São Paulo: "trazemos este tesouro em vasos de barro" (2Cor 4,7). Alguns anos depois, esse vaso quebrou. Ele lutou durante anos, mas acabou desistindo do sacerdócio.

Quando ouço essas histórias, eu percebo que nada é dado e garantido, nada é tão claro como imaginamos. Não existe apenas fiel e infiel, não existe só preto e branco. Ao mesmo tempo, torno-me mais cauteloso e cético em relação a mim mesmo; posso me deparar com situações que me inundam como grandes ondas que se quebram sobre mim, nas quais não controlo absolutamente nada.

É claro que devo permanecer alerta, é claro que tenho uma parte a cumprir, é claro que não devo brincar com o fogo, e é claro que atenção ao olhar faz parte da higiene da alma, como me disse um diretor espiritual muito experiente. Mesmo assim, eu só contribuo com uma parte para o sucesso da minha vida como padre ou em um relacionamento. A outra parte está nas mãos de outro.

Não permitais que eu me separe de Vós.

Tento manter as chamas acesas. A pequena chama da minha fé, meu relacionamento com Deus, eu cuido disso. Mas o oxigênio com que sopro não vem dos meus pulmões, mas do ar à minha volta. Ainda estou prostrado diante de Deus, com o rosto no chão, totalmente dependente dele.

Não permitais que eu me separe de Vós.

Não permitas que eu me afaste de Vós. Não permitas que a minha vontade se volte para outra direção. Eu vos entrego parte da minha liberdade – se é o que Vós a desejais – Deveis decidir. Não permitais que eu me separe de Vós secretamente.

Só Vós sabeis como esse desejo pode, por vezes, ser grande.

Só Vós sabeis que, por vezes, a minha vontade se volta contra ti.

Só Vós sabeis o quanto da minha fé e da minha fidelidade é apenas raciocínio e o quão pouco o meu coração está investido nisso!

Existe uma expressão na Bíblia da qual eu gosto muito: "Bendize, ó minha alma, o Senhor" – isso é uma ordem, do meu espírito à minha alma: ela deve reunir todas as suas forças e bendizer a Deus, mesmo quando o meu coração não transborda de alegria e de louvor. Eu dou essa ordem à minha alma.

Desejo ainda mais que Deus seja o senhor na minha casa. Que Ele me dê as suas ordens.

Ser vigilante: sim!

Agradecer e rezar: sim!

Exercitar-se em misericórdia e bondade: sim!

Sim! Sim para tudo isso! Mas a placa de gelo em que estou – eu não a controlo completamente. Eu posso escorregar. Mais cedo ou mais tarde, se Deus quiser, nunca. Preciso de ajuda que vem de fora:

Não permitais que eu me separe de Vós.

12
O mal é contagioso

* * *

Do inimigo maligno defendei-me.

Ah é, essa coisa com o diabo. Alguns já se assustam quando ouvem a palavra, porque "diabo" os lembra de bruxaria. Os outros adoram invocar a palavra e a usam sempre que podem. Até surge a impressão de que o diabo está mais presente em sua vida do que Deus.

"O inimigo maligno", essa é uma expressão que consigo pronunciar com mais facilidade. Pois acredito sem qualquer dúvida que o ser humano tem um inimigo. "O inimigo maligno", para o Presidente Bush, era Bin Laden. Para algumas associações evangélicas nos Estados Unidos, o papa é o anticristo. Outros veem a "sociedade do entretenimento" como um inimigo maligno, e outros, normalmente pessoas de países em guerra, veem o adversário como aquele que serve ao diabo.

O inimigo do qual estou falando aqui – não é fácil designá-lo nem descrevê-lo.

Talvez eu consiga transmitir uma noção dele com a ajuda de uma história. Talvez eu consiga fazer transparecer o aspecto esquivo, sorrateiro, ambíguo e difuso desse inimigo do ser humano. A história é um pouco longa e ela não aconteceu comigo, mas eu a acompanhei de perto.

Era um dia maravilhoso, o sol brilhava, o céu estava azul quando os sinos da igreja bateram. A porta da igreja se abriu, a noiva saiu com seu noivo. Todos os amigos aplaudiram, as crianças espalharam flores, e o casal feliz foi a pé até o pátio grande onde o casamento foi celebrado. O casal parecia muito feliz.

Eles se conheciam havia pouco tempo. A noiva tinha encontrado os sogros algumas vezes, e cada encontro foi muito agradável. O futuro sogro permanecia sentado em sua poltrona, e a sogra trazia café e bolo. Aos olhos da noiva, essa sogra aparentava ser humilde, modesta, comedida e parecia amar o seu marido infinitamente, porque o admirava tanto quando ele dizia algo, ali, sentado em sua poltrona. Quando ele derramava o café, ela corria para a cozinha para buscar um pano. Ela limpava a sua jaqueta até ele dizer "já chega", e quase reclamava. A noiva se comovia muito com isso.

A família tinha uma vida boa. A noiva sabia disso. Com o casamento, ela se tornaria membro de uma família sem preocupações financeiras. Sempre que se viam no fim de semana, o seu futuro marido era divertido e engraçado, e ela mal conseguia esperar para passar o resto da vida com ele. Uma única vez ela vivenciou que ele podia também ser frio. Numa festa, quando o chefe quis conversar com ela, por alguns minutos, ficou sem tempo para o noivo, e ele ficou muito chateado com isso. Ele abandonou a festa e não falou com ela por duas semanas, nem atendia às ligações. No encontro de reconciliação, ele tinha um sorriso envergonhado no seu rosto – pelo menos era o que ela acreditava ver naquele rosto: vergonha.

Nos primeiros meses do casamento, ela buscou se aproximar da sua sogra. Na cozinha, ela se colocava ao lado dela junto à pia, pegava uma toalha, começava a secar a louça, mas a mãezinha dizia: "Larga isso, garota, você não precisa fazer isso". Muito amável. Mas ela sempre dizia isso e era também a única coisa que dizia. E ela não o dizia quando o sogro entrava na cozinha. Quando ele se aproximava, ela empurrava a nora com o quadril para longe da pia.

É claro que agora, via o seu marido todos os dias, mas ela começou a sentir falta dele. Antigamente, ele sempre tinha reservado os fins de semana só para ela. Agora os fins de semana passavam, interrompidos apenas pelas badaladas do relógio na sala. Seu marido não queria fazer nada. Ela não podia decorar a ala lateral da casa, em que os dois viviam agora. Tudo já estava lá. Os móveis eram antigos, e o seu marido disse que não era necessário comprar coisas novas. Nesse momento, a sogra passou por eles, quando o filho disse: "O que você quer mudar aqui? Já temos tudo. Não precisamos de móveis novos".

À noite, o sogro entrou na cozinha com um prato quebrado na mão, que a mãe pegou dele às pressas e levou o pai até a pia para enxaguar as mãos. Ele a mandou embora, ela se contraiu – ele desligou a água, pegou um pano e enxugou as mãos. "Você se machucou?", perguntou a nora – e ele olhou para ela como se ela não tivesse dito nada, foi até a porta, jogou o pano no balcão, do qual caiu, e saiu da cozinha. No segundo em que o pano caiu no chão, ela viu como ele se virou e que os olhos dele procuraram rapidamente o olhar dela, só por um segundo, e ela viu algo em seu rosto, como se ele sentisse prazer em imaginar que ela estava prestes a se curvar.

Mais tarde, ela disse ao marido: "seu pai, às vezes, ele pode ser bem frio". – "Aqui se trabalha", respondeu o marido. "Ele trabalhou a vida inteira e transformou a fazenda naquilo que é hoje. O que você quer?"

"Eu só estava pensando", disse a esposa.

No centro do vilarejo, quando estava no caixa da mercearia, ela foi cumprimentada por uma senhora idosa que ela já tinha visto várias vezes. Ela devia ter ido ao casamento – todo o vilarejo tinha ido. Quase todo o vilarejo.

"Muito trabalho na fazenda, né?", disse a estranha.

"Sim", respondeu a mulher.

"Muito trabalho. E ainda tem os campos atrás da floresta, não é?"

"Pois é", disse a mulher. Ela nem sabia deles.

"Bem, o seu sogro conseguiu obter bastante terra por aqui. Ele conseguiu manter muita coisa. Era um homem esperto."

"Sim, sim", disse a mulher. "Ele trabalhou a vida inteira e fez da fazenda o que ela é hoje."

"Ah é? Foi mesmo?", disse a velha e então lhe desejou um bom dia.

A mulher se irritou um pouco com isso. Ela tinha orgulho do seu sogro, mas se surpreendeu um pouco com as palavras da velha.

"Invejosos", disse o seu marido em casa. "Você é burra demais se permitir que a fofoca no vilarejo a deixe insegura. As pessoas aqui só gostam de seu próprio sucesso. Meu pai é um homem bom", e ele disse isso com uma expressão estranha – como se estivesse falando no Deus, no qual ele não acreditava.

Uma vez a mulher viu o sogro chorando. Foi quando a associação de canto masculino veio até sua casa quando ele completou setenta anos. Os homens se posicionaram no pátio e cantaram os hinos favoritos do aniversariante. Ele ficou segurando a mão de sua esposa. Os homens cantaram uma música sobre os campos verdejantes da Alemanha, e ele chorava e chorava e segurava a mão da esposa, e ela, sim, e isso era curioso de se ver, ela parecia estar celebrando triunfos. De rosto corado, ela estava do lado dele, de olhos brilhantes, excitada. E ela olhou em sua volta como se tudo aquilo fosse mérito dela, como se o fato de ele estar segurando a mão dela fosse uma confirmação de que todo o seu comportamento devoto tinha valido a pena, de que estava certa com a postura dela, de que não precisava de uma amiga no vilarejo, porque tinha o marido. A nora não se comoveu, mas ela não tinha certeza. E então ela olhou para o marido dela e viu nos olhos dele as mesmas lágrimas de comoção. Ela nunca tinha visto isso antes.

"Vá fazer um café", o sogro disse para a sogra, quando ela ainda não tinha entrado na casa. Ele tinha retirado sua mão, e ela hesitou um segundo, como que para se dar conta de que a emoção dele tinha passado, então ela entrou às pressas na cozinha. O pai, por sua vez, foi até a sala com o filho, e a mulher não sabia onde se meter, pois achava tolo simplesmente seguir os dois homens. Na sala, o pai se sentou em sua grande poltrona preta e o filho no sofá à frente dele.

"O que nós tínhamos no passado", disse o pai, e as lágrimas voltaram a encher seus olhos, "rapaz, o orgulho que tínhamos", e a mulher olhou para o seu marido. Todo acanhado no sofá, os braços apoiados nas pernas, olhando para o pai, como se já conhecesse esse jogo.

"Sim, pai", ele disse com uma melancolia meio que fingida, não com uma seriedade que ela achou tola. E a mulher não entendia mais do que tudo isso se tratava. E quase riu. Ela já estava grávida na época.

Nasceram gêmeos. Um menino e uma menina. O nome do menino deveria ser Lars, esse era o desejo da esposa, mas, de repente, o marido se opôs.

"Não vamos fazer isso", ele disse à noite na cama, pouco antes do nascimento. "Você pode chamar a menina como você quiser, mas o filho terá o nome do meu pai".

Ela riu alto. "Como é que é?", ela perguntou. "Wilhelm? Você está maluco, eles vão rir dele no jardim de infância."

Isso lhe rendeu um olhar irritado do marido. "Assim ele aprende desde cedo quem são seus amigos de verdade."

Ela o achou tolo e disse: "Se ele se chamar Wilhelm, ele nem conseguirá achar amigos", e riu, porque acreditava que ele estava brincando.

"Devo isso ao meu pai", seu marido disse em tom sério.

E isso a irritou. "E o tanto que você deve a mim? Você não deve nada ao seu pai. Você faz o seu trabalho, ele não cuida mais da fazenda, só de vez em quando ele interfere em seus negócios, coisa que irrita você, não pense que eu não percebo."

"Você está falando coisa sem sentido", ele disse. "Aqui é um lugar de trabalho. Meu pai assumiu uma responsabilidade grande, foi ele quem deu glória à fazenda – e quando o nosso filho herdar tudo isso, então o mínimo que podemos fazer é honrar o meu pai dando o seu nome ao nosso filho."

"E qual é o nome que você quer dar à nossa filha?", a mulher perguntou, "Gertrud ou Sturmgard – ah, não, melhor ainda – que tal Brunhilde? Seu pai vai gostar disso. O grande amante de música que só tem dois discos, que ele ouve todos os dias pelo menos uma vez".

"Chega", ele a interrompeu. "Você enlouqueceu? O que é que você está falando?"

Ele apagou a luz, e ela dormiu com uma mistura de consciência pesada e raiva.

No dia seguinte, ela finalmente descobriu em que família ela tinha se metido e quem seriam os avós dos seus filhos.

No dia seguinte, ela reencontrou a mesma mulher no mesmo caixa da mercearia. Aquela mulher que já a irritara antes. Dessa vez, a velha a cumprimentou sucintamente e então sussurrou algo para a amiga dela. Voltando para casa – o caminho a levava por um beco estreito – alguém chamou por seu nome e ela se virou. Era a velha estranha da mercearia. A amiga não estava com ela.

Quando a mulher se aproximou, a velha disse: "Você não sabe, sabe?", perguntou.

A mulher a olhou com uma expressão de surpresa. "Como assim?", ela perguntou.

"Você não faz ideia, garota, não faz ideia com que família você se casou."

A mulher não respondeu, ficou segurando a barriga grávida, a acariciou e disse: "Não sei do que você está falando."

"Seu sogro. Sabe quem ele era? Você não sabe, sabe?"

"Foi ele quem transformou a fazenda em sucesso", a mulher respondeu.

"Sim, ele fez isso. Transformou a fazenda em sucesso, livrou o vilarejo em tempo recorde de todos os judeus, traiu os amigos que não queriam entrar no partido e mandou prender o próprio primo. Seu sogro é nazista. Ele era nazista na época e continua sendo. Pergunte à sua sogra por que prenderam a minha mãe. Você já reparou nos olhos atentos dela?"

A mulher ficou ali parada, ouvindo, sem saber o que devia pensar. Parecia que ela estava lendo uma história terrível, assistindo à cena de uma peça de teatro na escola, e ela não conseguia acreditar em nada do que estava ouvindo.

"Sim, os olhos dela são atentos", disse a velha. "Neste vilarejo só houve duas famílias que tiveram coragem. Só duas que estavam dispostas a esconder pessoas. Mas a visão de sua sogra era excelente. Ela via tudo. Então ela ia correndo contar para o marido. Não, preciso ser justa: ela não viu tudo com os próprios olhos, havia também o seu filho de seis anos, tão educado que contava à mãe que o professor parecia estar escondendo uma criança em casa. Ele tinha visto um garoto no porão do professor. Não sei se ele tinha recebido a missão de ser espião, se foi o leite materno que lhe transmitiu isso ou se ele ouviu vozes enquanto brincava na rua na frente da casa do professor. Não sabemos disso, mas a sua sogra descobriu rapidinho, e o seu sogro reestabeleceu a ordem. Todos nós o conhecemos aqui. Nós, os velhos. É claro que ele recebeu a permissão de derrubar a casa do professor atrás da floresta e conseguiu comprar tudo por preço de banana – claro, tudo isso foi porque ele trabalhava duro. Ele levou a fazenda ao sucesso, e há ainda outras fazendas aqui na região que lucraram desse jeito."

Ela interrompeu sua fala, pois viu como a mulher grávida estava tentando se apoiar na parede. A velha baixou a voz: "você não sabia disso, sabia, garota?" E então, como que falando consigo mesma, ela disse: "então eu estava certa". Ela tirou a bolsa com as compras da mão da grávida, a colocou no chão e tirou da cesta dela uma garrafa de água e deu para ela beber: "venha, tome um gole", e de repente a velha sentiu vergonha por ter chocado a jovem com essa história poucos dias antes do parto.

"Não é...", ela disse, "você não precisa... quero dizer, esse tempo ruim passou. Você não pode mudar o passado. Não foi culpa sua". E ela liberou a grávida, que pegou a bolsa com as compras e foi embora. A velha ficou parada, vendo como a mulher se afastava, e se perguntou se ela tinha agido corretamente.

Os gêmeos nasceram. Wilhelm e Britta. A jovem mãe não tinha falado nada sobre o encontro com a velha no centro. Mas na próxima briga com o marido por causa do sofá velho que ela não aguentava mais ver e que queria substituir por um mais novo e ele ficou agressivo, isso foi um pequeno triunfo. Ela sabia por que ele gritava – era sua consciência pesada. À noite, quando a sogra lhe disse na cozinha: "você não precisa fazer isso", ela não largou o pano de pratos, pois sabia quem era a sua sogra de verdade. Ela perdeu o respeito e ganhou liberdade na casa.

Agora, sempre que seu marido gritava com ela – o que ocorria com frequência – ela sentia que podia controlá-lo. O sofá novo já estava na sala havia muito tempo, e ela havia começado a mencionar a história oculta da família com alusões ambíguas quando brigavam. Isso, de certa forma, a tornou bem-vinda na família. Ela era a voz de uma consciência fingida, contra a qual o resto da família só conseguia se defender de forma indireta. Ela começou a se intrometer cada vez mais no dia a dia da família, afinal agora conhecia a história da fazenda e, naturalmente, a condenava, mas esse conhecimento também lhe dava o poder de tomar decisões.

Depois do encontro com a mulher na mercearia apareceram outras. As mulheres do vilarejo tinham começado a lhe contar outras histórias terríveis. Havia certo prazer nisso. A jovem mãe sempre se mostrava muito chocada, e ao mesmo tempo, sentia-se importante, mas nunca falou com a sua família sobre isso. Não diretamente. Sempre só nas entrelinhas. E, muitas vezes, era ela quem dizia algo na sala, e suas palavras eram a última coisa que se dizia, e ela saía triunfante. Até o sogro ficava calado em sua poltrona. Seus filhos aprenderam a falar nas entrelinhas. Aprenderam isso tão bem que conseguiam causar uma consciência pesada nas outras crianças na escola. Transmitiam aos outros a sensação de estarem sob suspeita de serem os autores de alguma maldade, que os gêmeos nunca designavam.

Britta, a menina gêmea, casou-se, e o novo genro da cidade sempre tentava descobrir do que Britta estava falando de modo tão misterioso quando se tratava da história da família. Quando ele descobriu, ele brigou com ela e quis saber por que ninguém falava sobre isso. Disse que, para ele, parecia que sua família tinha orgulho, que essa história era especialmente trágica e complicada, e que na verdade ela só era miserável e cruel e só uma de milhares de histórias iguais de famílias alemãs.

Ela achou isso inapropriado e respondeu irritada: "parece que você sabe de tudo".

E quando ele perguntou o que ela queria dizer com isso, ela respondeu: "bem, já que você sabe o mal que histórias secretas podem causar..."

Ele se irritou: "o que você está insinuando? O que está querendo dizer?"

"Só estou falando", ela disse, levantou as sobrancelhas e o deixou a sós com o medo de que ela poderia saber algo que poderia ser usado contra ele. Ela não lhe disse o que era, tinha aprendido isso com sua mãe, e o ar podre que, em algum momento, tinha invadido essa família em algum momento no passado e, muitos anos atrás, tinha se manifestado pela primeira vez da pior forma possível, se alastrou e o contaminou.

Quando Britta teve seus próprios filhos, eles nunca sabiam se sua mãe os amava de verdade – pois a insegurança dos outros era a única forma de poder que ela conhecia e era o jeito como ela se relacionava com as outras pessoas. Às vezes, quando os filhos de Britta já estavam na idade que costumam brigar com a mãe, ela se magoava profundamente. Então admitia algumas coisas das quais os filhos a acusavam: que era impossível conversar com ela, que ela nunca aprendeu a ser clara e explícita em suas palavras, que ela transmitia uma sensação de insegurança aos filhos, mesmo quando não queria. Às vezes, ela entendia as acusações dos filhos, mas não conseguia mudar. Nem ela sabia por que era do jeito que era.

Isso a machucava profundamente – a neta do velho fazendeiro – mas não conseguia expressar. Tentou mudar isso aos 50 anos de idade. E quanto mais tentava mudar, mais incompreensível o seu comportamento se tornava, mais altas se tornavam as brigas com os filhos. Sua linguagem era tão distorcida, tão complicada, tão desconectada da verdade que, em algum momento, ela se calou. A essa altura, os filhos já não a visitavam mais. E ela expressava a raiva e a decepção através de alusões ofensivas.

Não conseguiu se livrar disso, morreu como mulher desfigurada e distorcida, que nunca tinha aprendido a falar de verdade. Que não conseguia defender a si mesma, que não conhecia a sua própria história. Faltavam palavras para a sua própria vida.

Desde que conheço essa história, não consigo me livrar do pensamento de que realmente temos um inimigo. Um inimigo secreto e sorrateiro. Ele é igual a um vírus. Ele se espalha em silêncio e de forma invisível, e não consigo não perceber uma vontade maligna por trás dele. Bem, onde é que o mal começa exatamente?

O garoto de seis anos de idade que entregou o professor – isso já era culpa, ou era normal uma criança fazer o que os seus pais lhe dizem? A neta que deixa o marido enlouquecido porque aprendeu com a mãe a só falar de modo manipulador – isso já a torna culpada ou ela simplesmente foi obrigada a manifestar as consequências dos crimes cometidos pelo avô e os resultados do silêncio e da manipulação da mãe? O mal tem sua própria linguagem. É a mentira. Ele distorce e se cala no momento errado. Mas quem consegue encará-lo? Às vezes, as coisas até pioram quando o ser humano tenta combater o mal.

Muitas vezes, tentamos melhorar o mundo, mas quais são os recursos que realmente temos contra o mal? Contra esse inimigo sutil? Podemos doar dinheiro para amenizar a fome, podemos reeducar gerações, mas eu me pergunto se isso realmente faz desaparecer o mentiroso, o inimigo da verdade e do ser humano, o ar podre do mundo.

Eu tinha onze anos de idade quando tive o meu primeiro encontro com esse mal. Como criança, eu era baixo e fraco demais, e me disseram que o ar fresco do Mar Báltico me faria bem, e me mandaram para um tipo de internato à beira-mar.

É claro que eu era tímido no começo, não conhecia ninguém. Percebi já no primeiro dia que havia um garoto que era mais forte do que eu, provavelmente também mais velho, e eu percebi imediatamente que ele me havia escolhido como alvo. Não sei por que, mas alguma coisa deve ter despertado algo nele que incitava a me torturar. Passei umas seis semanas naquele internato. Durante todo esse tempo, o garoto me atacava, puxava minhas orelhas, me chutava entre as pernas, e parecia que isso nunca acabaria. Eu estava abalado, simplesmente porque não entendia a razão pela qual ele fazia isso. Eu não queria nada dele, não queria tirar nada dele, eu não olhava para ele, saía da sala quando ele entrava. Eu só queria que ele me deixasse em paz. Sem chance.

Só um garotinho gritava sempre que eu era atacado: "parem, parem!", mas ele também não tinha nenhuma chance, sua voz não passava de um pio, o seu "parem!" não tinha força contra os ataques, e os garotos mais velhos, que poderiam ter intervindo, só assistiam e riam. Existia um prazer nesse mal, e eu acredito que, na época, percebi pela primeira vez que não eram só os garotos que riam. Mais alguém ria com eles. Uma vontade destruidora. A risada deles estava a serviço dela. Até hoje não consegui entender por que aquele garoto me tratou daquela forma. Eu não entendo. O mal também tem um segredo, ou melhor, o mal é um mistério.

Quanto mais velho eu ficava, melhor eu percebia os pequenos aspectos diferentes do mal. Percebi, por exemplo, que o mal gosta de se agarrar às coisas boas. Não estou querendo dizer que eu era um garoto especialmente bom e que os garotos malvados do internato se agarraram a mim. Não, estou falando de lugares. O internato era uma ideia boa, sua intenção era boa, seu objetivo era a cura. Havia também crianças com feridas emocionais naquele lugar. A ideia do internato era boa. Para mim, porém, o resultado foi ferimento.

O mal tende a distorcer o bem. Ele ataca a inocência, as crianças, como eu já descrevi na história da família nazista. Ele ataca as coisas boas. O anseio de uma jovem esposa por amor. O simples desejo de um filho de querer agradar ao pai, de ser motivo de orgulho para ele. O mal não visa à mediocridade. Ele visa ao belo e verdadeiro. Tanto que, às vezes, desejamos abolir o bem para não dar espaço ao mal. Existem, por exemplo, pessoas que querem abolir a Igreja Católica quando ficam sabendo que, ao longo dos séculos, ela cometeu muitas injustiças e que hoje em dia ainda as comete. Ninguém diria que o amor de um pai pela filha deveria ser abolido, mas esse amor pode ser distorcido da pior forma possível quando o pai abusa da filha.

Parece-me que, quando as coisas mais belas são distorcidas, elas se transformam nas coisas mais terríveis. E acredito que é justamente essa a razão pela qual a maior parte do mal vem do ser humano. O ser humano, criado à imagem de Deus – ai dele quando ele é distorcido. Então ele adquire uma careta que já nos cansamos de ver aqui na terra.

Distorção.

No paraíso, quando a serpente voltou o olhar do ser humano para o fruto proibido e o seduziu com suas palavras, a maior tentação talvez nem tenha sido a fruta. O ser humano se viu como nunca tinha se visto antes. Para que você possa ser uma pessoa casta ou saudável, você deve ter dentro de si uma imagem clara da obra de arte que você é, você deve reconhecer o arquiteto. Em seu íntimo, essa imagem é tão clara que o ser humano consegue reconhecer dentro de si mesmo o reflexo de Deus. Feito à imagem de Deus. O que a serpente conseguiu foi desviar o olhar do ser humano – e o ser humano deixou de ver sua semelhança divina e passou a ouvir somente o sussurro: eu não sou exatamente igual a Deus. Deus é de tal jeito, eu sou diferente – isso é injusto! O mal voltou o olhar do ser humano para o seu próprio umbigo, e nesse instante o ser humano se distorceu.

Ens in se curvatum, traduzido para o português: o ser curvado para dentro de si. Essa é a descrição do ser humano depois da queda. Provavelmente, eu conseguiria atravessar marés e chamas se eu não desviasse o meu olhar de Deus. Eu não consigo. É igual a Jesus e Pedro na água. No início, Pedro olha para Jesus e consegue andar sobre a água, então ele olha para si mesmo, abaixa a cabeça, olha para os pés que tocam a superfície do mar, e então ele olha para dentro de si, para aquela voz que lhe diz: "eu, Pedro, sei que isso não é possível – estou sendo vítima de uma ilusão – esse homem à minha frente não é Deus" – e ele afunda.

Não temos mais uma figura ereta. Somos distorcidos, curvados para a frente. Curvados, tão curvados para dentro de nós que usamos nossos olhos para olhar para o nosso umbigo. Mas não foi assim que Deus nos criou. Jesus me ensinou que eu posso chamar Deus de Pai. Com isso, Ele me lembrou da minha semelhança divina e me instruiu a levantar a cabeça, a abrir o peito para que o ar possa preencher os pulmões, a erguer a coluna para fortalecê-la quando a vida tenta me humilhar, quando ela tenta me curvar, quando as coisas deste mundo pesam sobre mim, quando os meninos me batem, quando as vozes dos pecados dos meus pais se manifestam dentro de mim e eu não sei como me defender. Como a mulher que se casou com a família nazista. Como a neta que nada tinha a ver com os pecados do seu avô, mas foi tão distorcida por eles que não conseguiu se libertar.

Este mundo ainda está curvado, ele sussurra todos os dias. E todos os dias há pessoas que dão ouvidos a esse sussurro. Que acreditam nessa voz que exige que nos comparemos com o outro. Que pergunta insinuando: "será que a terra que você tem basta, não seria melhor ter também a terra do seu vizinho? Será que a saúde e o desempenho do funcionário são suficientes, ou seria melhor contratar uma pessoa melhor?" Ouço o sussurro que me pergunta se eu sou tão piedoso quanto meu confrade ou se minha fé não é risivelmente fraca – tão fraca que crer ou não crer daria no mesmo. As serpentes continuam a sussurrar no mundo – as serpentes com as colunas flexíveis, que não sentem dor quando se distorcem.

O confessionário é, talvez, o lugar onde sinto o quanto o mundo precisa de mim como padre. Quando ouço uma confissão, sempre agradeço a Deus quando posso dizer às pessoas que elas não precisam ter medo de dar meia-volta, que elas não são obrigadas a repetir sempre de novo os mesmos padrões de comportamento, que a infância traumática não precisa ser uma maldição eterna, que existe alguém capaz de defendê-las do inimigo maligno. Sempre vale a pena dar meia-volta.

Eu queria tanto ter tido a oportunidade de dizer isso à neta do nazista. Eu queria tanto ter tido a oportunidade de dizer isso à mãe dela. Dar meia-volta vale a pena. Pois existe uma voz que é mais alta do que o sussurro do meu inimigo. É a voz de Deus que possui autoridade sobre tudo: "este é o meu Filho amado" – foi isso que a voz de Deus, vinda do céu, disse quando Jesus foi batizado. Eu não preciso encontrar sozinho as palavras contra o mal obscuro e ambíguo. A voz de Deus tira o poder do sussurro que sibila no meu ouvido.

Eu conheço meu inimigo, isso basta – não preciso acreditar nele – não preciso identificá-lo como um rastreador – não entrarei em diálogo com ele. Não discutirei com o sussurro, não permito que ele me questione, e quando ele pergunta, eu não respondo, pois a conversa com ele é perigosa demais. Minha defesa é fraca demais – eu não sou obrigado a prestar contas a ele – peço que Deus faça isso por mim:

Do inimigo maligno, defendei-me.

Eu estico a coluna, levanto o queixo e tento voltar os meus olhos para a luz que invade este mundo pela porta estreita no limite da realidade.

13
Quero ouvir o meu nome

* * *

Na hora da minha morte, chamai-me.

Minha vó sempre rezava por uma boa morte. Era uma velha camponesa. Eu só a conheci na minha infância, logo ela morreu, mas ainda lembro nitidamente de como ela rezava pedindo uma boa morte. Ela estava sentada na ponta de uma mesa longa, as mãos calejadas repousavam em seu colo, às vezes, essas mãos seguravam um rosário de pérolas pretas. De corpo curvado, minha avó inclinava a cabeça para a frente e um pouco para o lado. Parecia ser tarefa dela como viúva, rezar antes e depois das refeições naquele lar que abrigava três gerações. Depois de cada jantar, ela rezava por uma boa morte, uma oração que ela tinha inserido em outras orações, que pareciam nunca terminar. Ela implorava a São José: "São José, concedei-nos a todos uma boa morte". Ela pronunciava a palavra "boa" de modo especial, como se estivesse cantando uma nota longa. Ao mesmo tempo, sua cabeça inclinada tremia um pouco. Eu nunca descobri se ela queria dar uma ênfase especial à sua petição diante de Deus, como se o mais importante na vida fosse uma morte boa.

Eu me arrepiava toda vez. Por que ela já queria morrer? Por que ela contemplava a morte todas as noites? Ela ainda estava viva.

A ambulância estava me transportando pelo bairro do Bronx em Nova York. Pensei: acabou. Vou morrer. Não era assim que eu tinha imaginado a minha morte. Eu tinha dado aulas de história e alemão na escola de ensino médio dos jesuítas no Bronx, na *Fordham Preparatory School*, há um ano. Em uma manhã gélida de janeiro, eu acordei com dores terríveis nas costas e na região do quadril e percebi que algo não estava bem. As dores eram tão violentas que eu nem conseguia me virar na cama. Rastejei até o telefone e liguei para o Padre Joe Parkes, o reitor da comunidade jesuíta na qual eu morava. Ele chamou uma enfermeira vizinha. Não entendi o que os dois conversavam. Só ouvi a enfermeira dizer: "parece sério. Se ele tiver sorte, é apenas uma ruptura do apêndice, mas me parece mais uma infecção viral ou câncer". Então tudo aconteceu muito rápido. A ambulância veio, os socorristas me prenderam em uma cadeira de rodas e desceram comigo do terceiro andar até a rua. Nunca me esquecerei da sensação enquanto a ambulância me levava para a emergência. Eu só sentia as dores e o medo de que tudo estaria acabando muito mais cedo do que tinha imaginado. Era como apagar a luz. Escuridão.

Se eu rezei? Sim, em parte: "Senhor, faze com que não seja um vírus nem um câncer. Faze-me sobreviver a isso. Faze com que seja apenas uma ruptura do apêndice". Horrorizado, pensei nos meus pais, nos padres e confrades em Freiburg, que poucos anos antes já tinham perdido um confrade mais jovem nos Estados Unidos. Ele foi levado para a Alemanha num caixão. Agora, haveria outro cadáver. Lembro-me de toda a minha vida, como um filme com um final abrupto, que eu não tinha imaginado desse jeito. Os meus pensamentos passavam rapidamente pela minha mente, como fragmentos. Pensei naqueles que ficariam para trás e, de alguma forma, tive pena deles. Preferia poder poupá-los disso. Então o olhar adiante – bem, olhar adiante era um exagero. Era um olhar para um futuro incerto. Fui tomado de medo, mas a dor era tão forte que eu não conseguia pensar. A dor me paralisava totalmente. O meu corpo e o meu espírito. Eu só queria que a dor parasse. – O fim: o médico chegou a um diagnóstico totalmente diferente. Contração muscular severa em combinação com uma distensão. Na verdade, eu nunca entendi bem o que tinha acontecido. Ele me deu uma injeção e me obrigou a ficar deitado por uma hora na emergência. Um jesuíta jovem que tinha me acompanhado para o hospital chamou um táxi e juntos voltamos para casa. Depois de três dias, voltei a me sentir como sempre. Mas o susto diante da possibilidade de partir deste mundo permaneceu. Desde então me lembro de vez em quando da oração da minha avó, onde e como morrer importa.

Por que devo rezar: *Na hora da minha morte, chamai-me*? Por que quero ser chamado? Isso torna a morte mais fácil? Antes de falar sobre isso, quero dizer algo sobre a morte. Não sou especialista em morte, também não passei por uma experiência de quase-morte no Bronx, como acontece com algumas pessoas que relatam tais experiências, mas, como padre, sou confrontado com a morte, seja quando me chamam para o leito da morte de uma pessoa, seja quando eu ouço e rezo textos na liturgia que se referem à morte.

Na Bíblia, o Livro do Eclesiastes é o especialista a ser consultado quando o assunto é a morte, assim como o Livro de Jó é o especialista quando o assunto é o problema do mal. Eclesiastes constata sobriamente: "Uma geração passa, outra vem" (Ecl 1,4). "O que foi, será; o que aconteceu, acontecerá: nada há de novo debaixo do sol" (Ecl 1,9). "Para tudo há um momento, há um tempo para cada coisa debaixo do céu. Tempo de nascer e tempo de morrer; tempo de plantar e tempo de arrancar a planta" (Ecl 3,1-2). É como se estivéssemos lendo: inspire – expire, inspire – expire. Para o Eclesiastes, inspirar e expirar formam a mesma unidade como viver e morrer. Isso parece banal e simplista.

Talvez não exista nada mais normal e banal do que a morte. Mas o contrário também é verdade: nada é tão diferente e tão complexo quanto ela. Quanta energia as pessoas não gastam para evitar a morte e para adiá-la? Algumas pessoas sofrem uma morte natural, outras morrem em acidente ou em catástrofe natural, muitas outras são mortas por outras pessoas. "Não matarás", diz a Bíblia, mas a impressão contrária também é correta. Não importa se olharmos na Bíblia ou assistirmos ao noticiário, o ser humano procura o outro ser humano para matá-lo.

A morte é aquilo que mais tememos. Morremos de medo quando pensamos na morte, mas não rezamos para que ela seja boa. Eu também tenho medo de morrer, mas tenho mais medo ainda do processo de morrer. Como isso vai acontecer? Será em uma idade mais jovem ou avançada? Por causa de uma doença longa, rapidamente, ou em um acidente? Morrerei com dores ou simplesmente durante o sono? Minha morte será violenta? – Espero que não.

Para mim, a morte não é transparente, é escura e informe. Ela simplesmente está presente, como um poder que remete aos primórdios do mundo, como um poder vinculado ao caos primordial.

Por que eu quero ser chamado por Deus na hora da minha morte? Esse chamado ajuda em quê? – Desejo ouvir o meu nome, o meu nome pessoal. Espero ouvir uma voz calorosa que diz: "Heiner, venha! Heiner, estou falando com você, venha!"

Os meus parentes vivenciaram a Segunda Guerra Mundial, estiveram nas trincheiras, viram muitas formas terríveis de morrer. Relatam que muitos soldados moribundos diziam: "está tão frio. Aqui está tão frio!" – É contra essa frieza que quero ouvir o meu nome. Quero ouvi-lo, não daquele que lamenta a minha morte. Quero ouvi-lo daquele que está me esperando. Assim como os pais acordam os filhos depois da noite e os chamam: venha, levante-se. Venha até mim.

"Ele o chamou pelo seu nome", diz a Bíblia. O povo de Israel se lembra do tempo de escravidão no Egito, de sua própria hora da morte. Ansioso, Israel tinha esperado pelo chamado. E então veio o momento sobre o qual o Profeta Oseias escreveria mais tarde: "Quando Israel era um menino, eu o amei e do Egito chamei meu filho" (Os 11,1).

Meu desejo é que, na possível pior situação da minha vida, Cristo se dirija pessoalmente a mim, que Ele se dirija a mim e não às minhas qualidades. No que diz respeito ao amor entre os seres humanos, Blaise Pascal observou criticamente: "Nunca amamos as pessoas. O que amamos são as suas qualidades" (*Pensées* 688). Mas o meu desejo é que, na hora da minha morte, alguém se dirija a mim, não aos meus talentos, posturas e qualidades, mas que ele me invada totalmente e assim me chame. Para que eu não seja visto apenas por fora, para que eu possa me tornar um ser íntegro, integralmente eu. Por isso rezo àquele que se entregou totalmente ao poder da morte, mas que a venceu (Jo 20,1).

Na hora da minha morte, chamai-me.

14
Tridimensional

* * *

Mandai-me ir para Vós.

Quando eu era pequeno, Deus morava no "céu" – não no céu frio e estrelado, como a Rainha da Noite, na "Flauta Mágica", de Mozart, mas no céu azul de verão, nas nuvens. Essa crença se ampliou graças ao meu avô. Ele tinha levado um tiro no braço na Primeira Guerra Mundial e, por isso, não conseguia trabalhar tanto, portanto, tinha tempo para mim. Eu o adorava. À noite, ele costumava fazer panquecas para toda a família, lavava a louça, a enxugava e cantava músicas do período imperial. Confesso que a minha primeira imagem de Deus era fortemente influenciada por ele. Deus era igual ao vovô. Só que maior, mas com a mesma barba.

Aos domingos, o meu avô me levava para a igreja, depois ele tomava suas duas cervejas com vodca e fumava um charuto. De manhã, ele cheirava a sabão, e eu o observava como ele se lavava na pia junto à cômoda. Ele raramente usava o banheiro. Aos domingos, o meu pai preparava para ele a espuma de barbear e aparava sua barba na cozinha antes da missa. A caminho da igreja, ele segurava a minha mão;

na outra, ele levava a moleta, e na cabeça, sempre o chapéu. Vovô me ensinou a me ajoelhar ao entrar na igreja, ele se apoiava na bengala e sussurrava no meu ouvido: "lá na frente, Heiner, lá, naquela luz vermelha, é onde está Deus". Para mim, Deus permaneceu no céu, mas, desde então, estava também na igreja.

Onde Deus está? – essa pergunta é tão antiga quanto a Bíblia. Onde Deus está? Onde Ele está presente? O primeiro livro da Bíblia responde. Jacó estava a caminho de Bersabeia para Harã. Em algum ponto, em algum lugar que lhe era totalmente estranho, ele teve um sonho. "Via uma escada apoiada no chão e com a outra ponta tocando o céu. Por ela subiam e desciam os anjos de Deus. No alto da escada estava o SENHOR que lhe disse: 'Eu sou o Senhor, Deus de teu pai Abraão, o Deus de Isaac. A ti e à tua descendência darei a terra sobre a qual estás deitado. Tua descendência será como o pó da terra, e te espalharás para o ocidente e para o oriente, para o norte e para o sul. Em ti e em tua descendência serão abençoadas todas as famílias da terra' [...] Ao despertar, Jacó disse: 'Sem dúvida o Senhor está neste lugar e eu não sabia'" (Gn 28,12-14.16).

Um lugar sagrado, um lugar em que Deus habita. Ao longo dos séculos depois do sonho de Jacó, durante as orações e reflexões de seres humanos que viviam em harmonia com Deus, evidenciou-se que Deus era sempre maior do que qualquer ideia que o ser humano pudesse ter dele. Deus não habitava em um lugar. A humanidade desenvolveu a consciência de que cada imagem humana de Deus é insuficiente, porque Deus é sempre diferente dela. Ele é ainda maior e mais diferente do que imaginamos, a sua grandeza e a sua alteridade. No Evangelho de São João, Jesus diz: "Vem a hora em que nem neste monte e nem em Jerusalém adorareis o Pai. Vem a hora em que adorareis o Pai em espírito e verdade" (Jo 4,21-23).

Mandai-me ir para Vós.

"Mas como devo invocar meu Deus, meu Deus e meu Senhor, se, quando o invoco, o chamo para dentro de mim? E qual é o lugar dentro de mim para o qual Ele deve vir? Para onde dentro de mim Ele deve vir, Deus, que 'fez os céus e a terra'?" Quem fez essas perguntas há 1500 anos foi o teólogo e filósofo Agostinho (*Confissões*, I, 2,2). Talvez eu não deva perguntar: Deus, onde estás? mas: Deus, quem és Tu?

A resposta a essa pergunta também é difícil. Mesmo quando me pergunto "quem é o meu irmão? Quem é a minha mãe? Quem é o meu filho?" Eu não sei. Lá no fundo, não tenho resposta: ele ou ela é e nunca deixará de ser um mistério. Eu não consigo sondar uma pessoa, jamais.

Quando amamos alguém, dizemos que nos faltam palavras. Por melhor que eu conheça alguém, ele permanecerá oculto para mim. É claro que podemos analisar uma pessoa, seu organismo, o que marcou em sua infância, sua psique. Então pergunto pelas causas: Por que alguém é do jeito que é? Mas essas análises não nos levam àquilo que nos deixam maravilhados e que aceleram o coração. Análises não levam ao amor. Por que a rosa floresce? Pergunto isso com menos paixão do que quando pergunto: como a rosa floresce? Pais que amam seus filhos não explicam aos outros por que eles amam os seus filhos, mas contam com um brilho nos olhos como a criança brinca, como come, como dorme, como reage, como gagueja as primeiras palavras e como aprende a andar e passa a assumir cada vez mais a sua própria vida. Quando pergunto pelo amor, por aquilo que torna a minha vida tão infinitamente rica, devo perguntar pelo como.

Então pergunto: Como és tu, Deus? Como és tu, aquele pelo qual anseio? A primeira carta de São João dá uma resposta muito simples. Essa afirmação é tão simples, mas é, ao mesmo tempo, uma das afirmações mais poderosas sobre Deus: "Deus é amor" (1Jo 4,8). Isso soa tão simples.

Mas o que isso significa – Deus é amor? Deus precisa de seres humanos para ter alguém que Ele possa amar? Deus depende de nós no que diz respeito ao amor? Deus se sentiria só se nós não existíssemos? Se eu for sincero, diria que seria muito bom ouvir: Deus precisa de mim porque Ele me ama. Sem as pessoas, Deus se sentiria só. Sem as pessoas, Deus não teria nada que pudesse amar. À primeira vista, esse pensamento é acolhedor.

Os casais apaixonados nos filmes sussurram um para o outro: "sem você não consigo viver. Preciso de você", mas Deus é diferente. Deus não está só sem as pessoas. Mesmo que Ele nos queira, seu amor não esgotaria se nós não existíssemos, Ele é trino. Ele é uno em três pessoas. Trindade. Ele se comunica em si, Ele ama em si. Isso é algo difícil de compreender.

Eu sei muito bem, e pode até parecer ousado e atrevido um padre dizer isso, que para a maioria dos cristãos, a fé em um Deus trino é uma afirmação que só existe no papel. É uma afirmação dos livros sobre dogmas cristãos, não é uma afirmação que tenha alcançado o nosso coração.

Se abolíssemos o dogma da trindade, a maioria dos cristãos não sentiriam falta dele. Nem perceberiam isso em sua vida. O simbolismo de "um" e "três" nos é estranho. É como um enigma matemático. Nosso simbolismo costuma ser bipolar. Pensamos em termos dualistas; preto e branco, bom ou mau, amigo ou inimigo. Ou esses estados são países amigáveis ou são países inimigos. Para muitas perguntas ou problemas na vida, só temos uma única resposta: se eu não tirar uma pontuação boa no vestibular, não poderei frequentar a faculdade. Se não puder frequentar uma faculdade, terei uma vida de segunda categoria. Se eu não passar no vestibular e não frequentar uma boa faculdade, não terei chances no mercado de trabalho. Vivemos no mundo do "isso ou aquilo".

E nós conhecemos as vítimas disso.

Os médicos tinham constatado sua morte cerebral. Pediram que eu, na época ainda um padre jovem, estivesse presente quando desligassem os aparelhos. Os pais também estavam lá. Ainda vejo a mãe diante de mim, vejo como ela se joga em seu filho, em seu corpo já declarado morto, cujo peito ainda se enchia graças à respiração artificial. Eu conhecia Stefan do trabalho com os jovens. Ele tinha acabado de completar 18 anos, era um dançarino apaixonado e adorava festas. Seu sonho era ser construtor de navios.

Então aconteceu a catástrofe: depois de uma festa, ele foi parado pela polícia. Por ter dirigido sob a influência de bebidas alcóolicas, ele perdeu a carteira de habilitação. Ele entrou em pânico: a escola para construtores navais não tinha acesso de transporte público. Sem habilitação, seu sonho estaria destruído. Pouco tempo depois, ele pegou a espingarda do pai e deu um tiro em sua cabeça. Ele não tinha suportado a pressão terrível. Stefan só tinha aprendido a pensar em termos dualistas, ele só via uma resposta para a pergunta da sua vida.

O pensamento dualista limita a vida, é como se vivêssemos numa caixa: fora dela tudo é ruim, dentro dela estou seguro. Pensar em termos dualistas, só ter uma resposta, nos coloca sob uma pressão constante: se esse sujeito não vier ao meu encontro, se ele não se desculpar, não quero vê-lo nunca mais. Se eu não puder ter um relacionamento com esse garoto ou esse homem, temo que morrerei virgem. Se os funcionários da minha empresa não apoiarem as novas diretrizes, falharemos no mercado.

Na nossa vida, costumamos nos movimentar dentro do pensamento dualista, do procedimento bipolar. É a ditadura do número dois, igual ao sistema binário. Igual ao fundamento do computador.

Deus é diferente.

Ele transcende o nosso pensamento. Ele não é um plano feito em uma folha de papel – ele é tridimensional, existe um espaço dentro dele. "Deus é amor". Talvez possamos imaginar a Trindade como um lugar que consiste nas três pessoas de Deus que formam um centro. O centro é o amor. É lá onde quero estar. Desejo ser acolhido nesse espaço.

Estou ciente de que, por forças próprias, eu não consigo entrar. A construção da Torre de Babel já mostrou isso. As pessoas, que acreditavam que Deus estava no céu, começaram a construir uma torre até as nuvens. Eles queriam sair das profundezas e alcançar as alturas. Bipolar. Mas não podemos chegar até Ele por esforços próprios. Não conseguimos penetrar o seu mistério. Ele é ontem, hoje e amanhã. Ele é eternamente agora.

Eu não sei onde Deus está. Mas o portão para esse reino, a porta para esse espaço já existe neste mundo – Jesus disse isso: "Batei e vos abrirão" (Mt 7,8). "Porque onde dois ou três estiverem reunidos em meu nome, eu estarei ali no meio deles" (Mt 18,20).

Mandai-me ir para Vós.

Há dois anos eu estive em São Paulo para conversar com o provincial brasileiro sobre projetos que queríamos realizar juntos. Naquela ocasião pedi que um dos nossos padres me mostrasse a favela Americanópolis. Por motivos de segurança, a polícia não entrava nessa comunidade, mas na companhia do nosso padre, eu estava seguro ali. Todos o cumprimentavam: "Olá, padre!" Quem vive nessa comunidade costuma permanecer nela pelo resto da vida. Drogas, HIV, crianças com filhos, crianças que matam, sofrem abuso, são mortas enquanto dormem na rua – ali tudo isso é normal. De repente, uma mãe se posiciona à minha frente e me diz: "Deus está aqui. Existe uma vida também neste inferno. Existe luz na escuridão. Existe um futuro. Eu não sei lhe dizer o motivo, e com certeza contraria todo senso de realidade, mas vi um futuro para os meus filhos na oração". Em suas mãos, ela segura quatro filhos descalços, cabelos desarrumados, rostos sujos. As palavras dela me surpreendem, mas eu acredito nela. A voz dela é séria, suas palavras são simples. Ela conta que seu sofrimento não diminuiu, sua fome não foi saciada, mas a comunidade se abriu e, por alguns instantes, Deus a envolveu juntamente com os seus filhos no seu amor.

Isso lhe permitiu continuar vivendo. Isso lhe deu uma esperança e tranquilidade, uma força, que eu não consigo explicar. Que me deixam maravilhado.

Esta é a minha petição. Quando digo "*Mandai-me ir para Vós*", eu bato à porta timidamente e aguardo a ordem: "Entre!"

15
Obrigado pelo macarrão

* * *

Para que vos louve com os vossos santos.

Tornar-se santo é entediante. Só as meninas se tornam santas. Talvez não todas as meninas, só uma minoria, mas com certeza só as meninas que se tornam santas. Elas obedecem aos pais, não interrompem a conversa dos adultos à mesa, fazem o que os adultos mandam, não fazem brincadeiras proibidas, não ficam na rua depois do anoitecer, não atiram elásticos nos outros durante a aula, não brigam no intervalo e não fumam secretamente no banheiro da escola. Suas roupas estão sempre limpas, elas tomam banho todos os dias e não contam piadas sujas. Quando alguém conta uma piada indecente perto de meninas, elas ficam vermelhas ou, no mínimo, fingem que acham isso inapropriado.

No céu, as coisas não são muito melhores. Lá, os santos até são obrigados a cantar. Aleluia, hosana ao filho de Davi e *Kumbaya, my Lord*, depois, de novo: Aleluia, aleluia, aleluia e outras coisas, como no coral da igreja. Tudo junto, mas principalmente aleluia. Eu não canto bem. Gosto de cantar, às vezes, canto quando estou sozinho, mas nem sempre acerto o tom. Na igreja, quando estou sentado ao lado do meu amigo Hermann, ele fica me dando cotoveladas quando canto, olha para mim como um adulto e sussurra: "Pare de cantar!"

E todos nós devemos ir para o céu. Bem, nem todos, só os bons. Os menos bons passam primeiro pelo purgatório. Lá, eles são purificados de seus pecados para que voltem a ter uma alma limpa, igual a um vestido limpo. Os maus vão para o inferno. Dizem que é um lugar horrível. Lá, os maus são punidos, alguns são queimados, outros são acorrentados em uma bola de ferro, alguns são jogados em uma panela enorme e são cozidos. Alguns são açoitados, outros são torturados. Por toda parte tem choro, gemido e barulho de correntes. Todos suam. O calor é insuportável. E o diabo fica andando entre todas as almas com um sorriso sarcástico estampado no rosto, às vezes, ele cai na gargalhada. O diabo se diverte.

O céu, por sua vez, não é perigoso. Lá, é só cantar e cantar e louvar a Deus. Um grande coral de santos se reúne ao redor do trono e canta sem parar, dia e noite; na verdade, só de dia, pois a noite não existe mais, e os santos também não dormem. Fui instruído a rezar para entrar no céu. Claro, a intenção era boa, ao contrário do inferno, o céu é seguro. Dizem que no céu você fica bem. Confesso: não quero ir para o inferno, é um lugar terrível. Mas um céu cheio de santos, isso também não parece ser um lugar muito legal, eu morreria de tédio cantando o dia todo. No inferno acontece mais. Lá, é pra valer. Nada de tédio. Mas o inferno também é cruel, é diferente de ficar na rua depois do anoitecer. O melhor seria poder ficar na Terra, se a medicina fizesse avanços e conseguisse prolongar minha vida mais um pouco... Eu faria de tudo por isso. A Terra não é tão entediante quanto imagino o céu e não é tão terrível quanto o inferno que eu imaginava aos oito anos de idade. É como escreveu o artista Christoph Schlingensief, que morreu de câncer: "Tão bom quanto aqui o céu não pode ser".

Para que vos louve com os vossos santos.

Era fevereiro. Eu estava em Freiburg, e a cidade mostrava seu lado mais feio. Tudo era cinzento, frio e úmido. Eram poucos graus acima de zero. Estava quente demais para nevar, mas frio o suficiente para penetrar qualquer manto. Eu tinha 32 anos de idade, em breve teria que encarar os exames finais na universidade, e eu não aguentava mais. Eu não conseguia me concentrar na matéria, não estava a fim de fazer essas provas. Eu já tinha um diploma, um doutorado, e agora ainda devia fazer as provas de licenciatura, algo que a ordem havia me obrigado a fazer. Não que isso tenha acontecido sem o meu consentimento, mas nessas tardes de fevereiro em que o sol iluminava o céu por poucas horas sem aparecer por trás das nuvens, de repente, perguntei-me: por que estou fazendo tudo isso?

Muitos dos meus amigos que tinham estudado comigo já tinham saído da cidade e iniciado a vida profissional em algum outro lugar, em algum emprego – eu fiquei na ordem, em Freiburg, no inverno. De vez em quando, eu frequentava aquilo que chamávamos de grupo de prática, composto de vários padres jovens da arquidiocese de Freiburg. E a piada que eu sempre ouvia era: "Heiner, o que você está fazendo aqui? Você não tem prática nenhuma". E eles estavam certos. Eu estudava, não tinha uma paróquia que poderia chamar de minha, e a única diversão no meu dia a dia era a missa que eu celebrava toda manhã às seis e quinze com um grupo de religiosas. Cada manhã. Na verdade, eu sempre tinha gostado disso, mas, de repente, só me dava nos nervos. Eu via o mundo cinzento lá fora e percebia que o meu interior estava da mesma cor. Celebrei as missas e contei algo para as freiras como se fosse um emprego, sem vocação.

Era triste. Normalmente, eu me preparava para a liturgia e os textos do Evangelho para oferecer algum impulso matinal às freiras. Em retrospectiva, tenho vergonha de alguns desses impulsos. Todas aquelas mulheres poderiam ter sido minhas mães ou até avós. Em vez de lhes dizer o que Jesus pode significar para a sua vida, o que Ele significa para a minha vida, eu construí um muro de eloquência ao meu redor. A única coisa que eu não queria era me confrontar com a minha própria fé.

O que eu dizia era eloquente, mas, infelizmente, era besteira. Eu não tinha cultivado minha vida espiritual, tinha trocado meu tempo com Deus por reflexões intelectuais (ainda acredito que a ocupação intelectual com a teologia é importante, mas ela não substitui a oração). Então eu falava na frente dessas irmãs e ouvia como as bolhas de sabão que saíam da minha boca, estouravam. Eu falava como um professor de grego, discorria como um professor de latim sobre conceitos que eu nem entendia, em vez de falar sobre Deus.

A crise pela qual eu estava passando não era totalmente nova. Todo mundo conhece isso. Mas, dessa vez, não conseguia sair dela por conta própria. No meu quarto no mosteiro havia uma poltrona verde da década de 1950, um pouco manchada. Normalmente, quando eu me sentia desanimado, eu me jogava nela e lia *O caminho do coração*, de Henri Nouwen. Quando o tempo estava bom, eu pegava esse livro e me sentava num banco embaixo da macieira no jardim do mosteiro.

Nouwen era padre, psicólogo, ex-professor de Harvard e mais algumas coisas. Na minha juventude, eu o tinha escolhido como meu exemplo. O que me ajudava era que, em seu livro, Nouwen falava sobre a sua seca interior. Ele conta como se cansou do seu trabalho, como ele não sentia nada no seu trabalho como padre, que apesar de celebrar as missas, ele só as executava. Então ele percebeu que aquilo não poderia ser tudo.

Durante o texto, ele reconhece como ele é. Antes, ele nem quis se dar conta de como fingia ser alguém que não era. Vivia uma desonestidade inconsciente. Era desonesto principalmente consigo mesmo, mas isso logo se transferiu para as outras pessoas. Seu reconhecimento de não estar ainda onde Deus queria que estivesse sempre me impressionou.

Ler Nouwen me ajudou muitas vezes. Depois de dois dias – ou depois de uma semana – em me levantava da poltrona verde com a sensação de que, de alguma forma, ele me entende. Por meio daquela leitura de Nouwen, eu conseguia me autoavaliar melhor e percebia que tudo isso pode ser. Está tudo bem. Esse não é o começo do fim. Consegui superar muitas crises dessa forma.

Mas esta crise em fevereiro era diferente. Eu nem tinha vontade de ler Nouwen. "Você já o conhece. Nenhuma novidade. É sempre a mesma coisa com que você tenta sair da crise e sobreviver aos meses seguintes, até tudo começar de novo."

Dessa vez, Nouwen permaneceu na estante.

E nesse deserto, num tempo em que minha fé estava erma, eu ainda tinha sido esperto o bastante para oferecer um fim de semana no mosteiro – um fim de semana para homens jovens que se interessavam pela vida religiosa, para lhes mostrar as vantagens de uma vida no mosteiro e na ordem. Decisão maravilhosa. Normalmente, vinham vários jovens. Nesse triste fim de semana de fevereiro, só veio um, o Sebastian. Um estudante de direito pálido e mimado, de casa rica. Eu estava sentado com ele na sala dos estudantes. Quando olhava pela janela, eu via as árvores sem folhas do Jardim Botânico na neblina. Eu estava com um nó na garganta, porque sabia que não conseguiria lhe transmitir de maneira crível que a vida como membro da Congregação dos Sacerdotes do Sagrado Coração de Jesus é a coisa mais maravilhosa do mundo.

Eu não estava no clima do fim de semana porque o meu tempo para estudar para as provas estava acabando. E, de repente, depois de trocarmos algumas palavras de saudação, ele disse: "na verdade, eu não estou aqui porque quero entrar na ordem. Também não estou aqui porque estou a fim de passar um fim de semana em meditação e reflexão, estou aqui porque existe uma pessoa que mora pertinho daqui que quero visitar e, bem, eu queria sim conhecer o mosteiro e morar aqui um pouco…"

Isso me irritou, mas ao mesmo tempo senti certo alívio. Até ele dizer: "Você não poderia me acompanhar?"

Normalmente sou uma pessoa que consegue dizer "não" sem maiores dificuldades. Sou diplomático, mas firme. Não sei se foi a falta de sono, o resfriado constante durante o inverno ou simplesmente Deus que removeu um freio, mas de repente, não consegui me defender. Apesar de só querer dormir e aproveitar o fim de semana para estudar para as provas, já que, além desse parasita que só queria uma cama de graça no nosso mosteiro, ninguém tinha vindo.

O homem que ele queria ver era um agente. Sebastian queria se candidatar a algum emprego e precisava de alguma carta de recomendação. E, de repente, precisava também de mim. Se eu tivesse me sentido em condições normais, eu teria negado seu pedido. Com educação, mas com firmeza. Mas não consegui. Não sei por quê. Talvez por me sentir fraco naquele momento. E acredito que Deus aproveitou essa fraqueza. Assim, concordei.

No dia seguinte, protegidos por grossas jaquetas de inverno, saímos do mosteiro, seguimos a rua molhada, viramos a esquina, Sebastian apontou para uma casa. "É ali". Continuamos andando e, pela primeira vez, perguntei a ele: "Quem, exatamente, vamos visitar?"

"Nywon", ele disse com um sotaque francês falso. Eu disse: "Nywon? Nywon? Isso me lembra de algo", e ele disse: "É um autor famoso. Henry Nywon", e eu exclamei: "Você não está falando de Nouwen! Henri Nouwen?" Sim, esse mesmo.

Nouwen vivia no Canadá. Ele nem deveria estar na Alemanha, muito menos numa casa a uma rua do meu mosteiro. Não consegui acreditar. Seguimos pelos paralelepípedos molhados até a casa. De repente, minha mente estava totalmente vazia. A imagem que eu tinha criado de Nouwen era a de um cientista de ponta que lutava pela verdade, mas também de uma pessoa que amava a tranquilidade e a solidão, que conseguia passar horas sentado numa cadeira, imerso em contemplações e processos meditativos. Eu o imaginava como um homem de passos comedidos, cujos movimentos eram refletidos, que falava como escrevia: nobre, reservado e um pouco distante, como alguns professores e alguns diretores espirituais. Um buda católico. Um santo.

Quando a porta se abriu, vi diante de mim um homem com cabelos grisalhos desarrumados, calças marrons, casaco verde e sapatos de sola grossa.

"Hello, como estão?", ele perguntou e pediu que entrássemos. Ele tinha esperado Sebastian. Ele me olhou com certa curiosidade. Sebastian me apresentou.

"Vocês já comeram?"

Eu nem consegui responder, porque ainda estava de boca aberta. Entramos na cozinha. A mesa estava cheia de coisas e pratos sujos, pão velho, havia ali também uma chaleira, manteiga derretida no prato, tomates cortados, a pia atrás da mesa transbordava de louça suja – eu estava entusiasmado.

Ele estava sozinho na casa da família de seu revisor alemão, mas ele se gerava nela como se fosse a sua. Seus anfitriões pareciam confiar plenamente nele, evidentemente, tratava-se de uma amizade que transcendia em muito a relação profissional entre revisor e autor. Nouwen se sentou à mesa, cruzou as pernas. Ele não se reclinou na cadeira, em vez disso, inclinou-se para a frente e começou a falar, gesticulando tanto com os braços que parecia um agente de trânsito em uma rua movimentada numa cidade mediterrânea. De vez em quando, ele arregalava os olhos por trás de seus óculos grossos e me encantava com sua mímica facial. Era como se ele tivesse tomado algo. Vida pura. Uma energia que quase me paralisava e, ao mesmo tempo, me deixava muito feliz. Só por estar presente. Pois a conversa só girava em torno das perguntas de Sebastian. Eu não abri a boca. Eu só bebi meu chá. Estar perto dele me bastava.

Ele ia direto ao ponto e parecia não ter medo nenhum. De repente, ele me perguntou: "Você reza?" Fiquei sem palavras. "O que quero saber", ele explicou, "é se você tem uma conexão pessoal com Jesus?" Minha pequena armadura intelectual estava destruída. Eu poderia ter chorado, ao mesmo tempo, senti-me muito grato. Minha resposta foi: "eu poderia rezar mais".

"Não importa quantas missas você celebre como padre, você deve buscar um relacionamento pessoal com Jesus!", ele insistiu. Ele me acertou em cheio, no núcleo do meu problema, sem me envergonhar, mesmo assim, de modo radical e poderoso.

Preciso contar isso de outra forma, mesmo que seja cômico. Naquele dia cinzento de fevereiro, era como se eu estivesse na frente dele, de ombros caídos, e como se ele me chutasse na barriga, eu me curvo, ele me pega pela nuca e diz: "Garoto, olha para lá! Lá!" Percebi que ele estava certo. Eu sabia exatamente o que ele estava dizendo, que o que ele estava dizendo era verdade. Eu sabia que era o oposto daquilo que eu estava vivendo, e de repente eu soube que era isso que eu queria: um relacionamento com Jesus.

Na época, e eu já sabia disso quando conversamos, Nouwen tinha desistido de seu emprego como professor em Harvard para viver em uma comunidade de deficientes.

Deus tinha mudado o rumo da sua vida. Como Nouwen sabia que ele estava fazendo a coisa certa? De onde ele tirou coragem? Como uma pessoa podia tomar um passo tão radical e se sentir tão seguro?

Isso só era possível com um Deus verdadeiro. Não tenho outra resposta a essas perguntas senão a proximidade de Jesus. E se eu for bem sincero, eu tive a impressão de que Jesus estava bem próximo dele também naquela cozinha. E, por isso, Ele estava também perto de mim. Com suas palavras, com toda a sua presença, Nouwen virou minha cabeça para a direção para a qual ele mesmo olhava. Para Deus. E tudo era simples e claro. Não confuso, não teórico, mas genuíno.

Para que vos louve com os vossos santos.

Quando começou a escurecer, depois de três horas de conversa, ele me perguntou: "Diz-me uma coisa, você não poderia me substituir na casa de deficientes lá no Canadá por três meses? Eu gostaria de escrever um livro nesse tempo e ficaria feliz se uma pessoa como você me substituísse. Você vai para Toronto, eu venho para Freiburg, que tal?"

Eu hesitei e tentei me esquivar, mas, por dentro, eu estava entusiasmado. É isso, eu pensei, mas o que eu disse foi: "sou membro de uma ordem, tenho superiores, preciso perguntá-los primeiro, pois fiz um voto de obediência e tudo isso, você sabe..."

De repente, ele estendeu seu braço, apontou seu dedo para o meu peito e exclamou: "Primeiro você deve saber o que você quer! *Depois* você pode perguntar aos seus superiores. Se existe um critério para perguntas pessoais, o critério é a pergunta: 'Como posso crescer? Onde posso me desenvolver?' São essas as perguntas que você deve fazer a si mesmo".

Foi o que eu fiz. E três meses depois, depois de ter passado nos exames, eu me vi no avião que estava me levando para conviver com deficientes no Canadá.

Aos poucos, fui saindo da minha crise. E tudo isso começou em uma tarde chuvosa na cozinha de Nouwen. A conversa com ele tinha plantado a semente que me permitiu crescer e superar a crise.

O que eu aprendi: que a presença de uma pessoa é insubstituível. Os livros de Nouwen já tinham me ajudado tantas vezes, mas não possuíam a mesma força de sua presença. E aprendi mais. Na conversa na cozinha, quando falamos sobre o relacionamento com Jesus, ele me disse: "sabe, eu aprendi a rezar de outra forma naquela comunidade de deficientes. Hoje, rezo de forma muito mais direta do que antigamente".

Quando ele disse isso, lembrei-me da casa de noviciado da Congregação dos Sacerdotes do Sagrado Coração de Jesus, na capela superior, onde aconteciam as missas para os estudantes de teologia. Lembrei-me de todos nós num círculo ao redor do altar. Cada um formulava suas próprias orações – as orações mais ou menos elaboradas permitiam adivinhar em qual ano da faculdade cada um de nós cursava. Era impensável rezar: "rezo pelos enfermos". Isso era simples demais. No mínimo, deveríamos fazer uma oração do tipo: "ó Deus, pedimos pelos políticos para que reconheçam seus erros na política de imigração, que trata injustamente sobretudo as pessoas desprivilegiadas do Oriente Médio". Lembrei-me também de passar pelo local com todas aquelas velas pequenas para determinadas petições e as ignorava. Eu tinha desistido de acender velas na igreja – isso era algo para a alma supersticiosa, para o povo simples, não para um teólogo culto – eu também não rezava mais o rosário, pois tinha aprendido que, na Idade Média, o rosário era rezado apenas por pessoas que não sabiam ler e escrever. Quem sabia ler e escrever rezava os salmos.

Eu não fazia ideia de quão arrogante eu era.

Nós fomos para a faculdade com o objetivo de servir a Deus e às pessoas, de nos aproximar das pessoas, e não percebemos que o que aconteceu foi o oposto, que nos distanciamos das pessoas. Nós acreditávamos ser aqueles que se solidarizavam com os simples e, ao mesmo tempo, achávamos que as formas simples de oração eram primitivas demais para nós. Nós tínhamos adquirido uma pseudoespiritualidade tão arrogante porque sempre nos víamos acima dos outros.

Comecei a perceber tudo isso quando Nouwen falou sobre como a sua oração tinha mudado. Como ele tinha desenvolvido um relacionamento autêntico com Jesus. Isso me acertou em meu âmago. E não parou por aí. Quando passei a morar na comunidade dos deficientes no Canadá e, na primeira noite, a louça suja foi retirada da mesa e nós ficamos sentados à mesa, um dos habitantes acendeu uma vela e começou a rezar. A oração que ele fez foi esta: "eu peço tua proteção para a mamãe, para o papai, para a vovó, para o Jimmy e para o Tom". O próximo rezou: "por favor, cura a mamãe". O próximo: "por favor, dá alegria às crianças". Outro: "por favor, Deus, a Patsy está grávida, peço saúde para o bebê". Eu tinha curvado a cabeça, dobrado as mãos e sentia vergonha. Ao mesmo tempo, senti um alívio porque entendi o que Nouwen quis dizer. Eu aprendi a rezar.

Para mim, Nouwen é uma pessoa profundamente espiritual que se firmou de modo especial em Deus, ou seja, ele se permitiu cair em Deus. Para mim, ele era uma pessoa totalmente diferente da multidão, diferente da maioria das pessoas que conheci. *Kadosch*, o totalmente outro. O encontro com ele me transformou profundamente. Por meio daquilo que ele provocou no meu interior, por meio do breve convívio na comunidade dos deficientes, que também foi possibilitado por Nouwen, a minha fé criou raízes mais profundas.

Para a fé, os encontros com as pessoas são muito importantes. A origem da fé cristã é o encontro das pessoas com Deus em um ser humano. Quem via Jesus via o Pai. E quando imagino alguns santos, fica mais fácil para mim acreditar que essa história sobre Jesus realmente é verdadeira. Não sei se Nouwen era um santo, mas algo nele era especial. Ele tinha um jeito especial de falar, a convicção e força que emanava dele, a autenticidade na fé, que, na época, me ajudou tanto a desistir da minha fé retórica e a estourar a minha grande bolha de sabão e a olhar para aquilo que sobrou. O que sobrou era Heiner Wilmer, um jovem que falava mais sobre Deus do que com Ele, que tinha uma confiança relativamente pequena de que Deus realmente conseguiria se aproximar dele, que acreditava já saber tudo sobre Deus e Cristo e só lhe restava traduzir tudo isso de alguma forma para o dia a dia. O que restou era o Padre Heiner Wilmer, que sentiu certa tristeza ao se dar conta de tudo isso, mas que, ao mesmo tempo, se sentiu libertado e grato por não ter que ser alguém que ele não era. Que, aparentemente, Deus o queria como padre do jeito que ele era. Em meu tempo com os deficientes, eu percebi que bastava estar presente. Que, aparentemente, Deus me queria exatamente naquele lugar. Eu comi com as pessoas, ajudei-as lavando louça, aprendi a rezar com elas, e elas até me consolaram quando eu estava triste. Pois elas percebiam isso imediatamente e sentiam quando eu estava espiritualmente abalado.

Para que vos louve com os vossos santos.

Durante aquele tempo, ouvi também algo que me surpreendeu muito e que, no fundo, é bastante cômico. Eu soube que Nouwen, que tinha desistido de seu emprego em Harvard para viver na comunidade, era totalmente inapto para cuidar dos deficientes. Eu ri quando me contaram que ele era totalmente desajeitado, que a pessoa que ele alimentava ficava mais suja de comida do que se ela tivesse se alimentado sozinha e que o banheiro inteiro ficava debaixo d'água quando ele ajudava alguém a tomar banho. Nouwen tinha desistido de uma vida bem-sucedida para se dedicar a uma vida em que ele não dominava nada. Isso me deixou ainda mais impressionado. É claro que os deficientes absorviam o carisma de Nouwen – era como chuva em terra seca. Todos o amavam, precisavam dele, e sua presença parecia aproximar as pessoas de Jesus, e isso era muito mais importante do que suas habilidades como enfermeiro ou cuidador. Fiquei feliz quando ouvi essas histórias. Pois eu sabia que Deus me usaria para alguma coisa, que Ele não rejeita minhas falhas, que Ele quer também o meu louvor desajeitado.

Para que vos louve com os vossos santos.

Na Bíblia, o personagem que me impressiona é Davi. Um sujeito forte. Nem sei se é aconselhável contar a vida dele para as crianças. Ele rompe os padrões de muitas lendas de santos. Mesmo assim, o Evangelho de São Mateus o inclui na genealogia de Jesus. Um padre velho, professor de ciências bíblicas, costumava dizer aos noviços do mosteiro em Freiburg: "parem de falar de Davi tão educadamente. Ele era um malandro! Quero contar rapidamente a história dele: Quando o Profeta Samuel estava procurando um sucessor para o Rei Saul, ninguém pensou naquele garoto que estava pastoreando ovelhas no campo. Ele era ignorado até pela própria família. Mas o seu charme, sua estatura física e seus talentos musicais seduziam as pessoas. Rapidamente ele conquistou fama e popularidade na corte. Segue então uma história de altos e baixos. Os pontos altos e baixos da existência humana andam de mãos dadas. Coragem e medo, delicadeza e brutalidade, amor e ódio, afeto e abuso, intriga e cuidado, massacre e misericórdia, pecado e penitência, distância e proximidade de Deus.

Davi era poeta e guerreiro. Quando seus dedos tocavam as cordas da harpa, o Rei Saul se acalmava e animava quando a melancolia se apoderava de seu coração. A coragem e destreza de Davi com o estilingue contra o filisteu Golias surpreendeu o exército. Seus atos heroicos derretiam os corações das mulheres. O outro lado: ele se aliou ao inimigo mortal, sobreviveu como bandido e desertor, tramou contra Urias, um de seus melhores soldados, causou sua morte para ficar com sua bela esposa Betsabeia, guerreou contra o próprio filho.

Em comparação com Davi, os reis Saul e Salomão tiveram vidas moralmente muito mais aceitáveis. Mesmo assim, Deus rejeitou Saul e Salomão no fim de suas vidas, mas Davi não. Por quê?

A despeito de todos os erros, de todo abuso de poder, Davi foi o único desses três reis israelitas que sempre voltava para se prostrar no chão, para se vestir em sacos e cinzas e se arrepender diante de Deus. A despeito de todos os fracassos e erros, Davi nunca se cansou de voltar para Deus. Davi não se colocou no lugar de Deus e nunca competiu pelo lugar que, por direito, pertencia a Deus. Deus era Deus. Por isso Davi passou na grande prova de sua vida. Davi conhecia seus dons e talentos, mas ele sabia que tudo isso era dádiva de Deus. Em hebraico, os salmos bíblicos se chamam "Louvores", e a tradição atribui muitos deles a Davi. O que restou dele não foi um grande império. O que restou são seus cânticos de louvor, o "hinário" para o coral dos santos.

Para que vos louve com os vossos santos.

Eu não tenho a magia de Davi. Não tenho o carisma de Nouwen. Quando louvo a Deus e falo com Ele, as minhas palavras não são tão belas quanto os salmos da Bíblia e são muito menos autênticas do que as de Nouwen. Não tenho palavras para louvar, não tenho a vida que expressa meu amor a Deus, não tenho o brilho nos olhos que a Madre Teresa tinha, as pessoas não sentem em mim o mesmo amor que sentiram nela quando ela falava com os enfermos, não tenho a força sobre-humana de um mártir, que louva a Deus mesmo sob torturas, não tenho o talento musical para compor um grande aleluia para Deus – meu louvor é pequeno e deficiente. Como uma criança de um ano de idade, que só consegue dizer algumas poucas palavras. Mas o que posso e quero fazer é estar presente. Igual às crianças de um ano de idade. Elas também querem estar juntas quando as crianças maiores brincam. Elas as imitam observando as bocas dos irmãos mais velhos – mas eu quero fazer isso, pelo menos isso. Quero juntar o meu pequeno louvor, mesmo que balbuciado, ao grande louvor dos santos. Participar quando eles clamam "aleluia", imitar o movimento de seus lábios, olhar para onde eles olham e então contemplar a Deus.

16
Deus não pode ser cínico

* * *

Pelos séculos dos séculos.

Ele se sentou na cantina da empresa para almoçar. Suas mãos calejadas tiraram uma garrafa térmica da bolsa e abriram uma lancheira de plástico com pães, pepinos, tomates e um ovo cozido, cada item cuidadosamente embrulhado em papel de jornal. Essa lancheira havia sido preparada com amor, certamente pela esposa. Ele deveria ter uns 60 anos de idade, ainda tinha alguns anos de trabalho à frente até se aposentar. Ele tinha sido contratado pela empresa como mão de obra não especializada. Antes, ele havia sido um pequeno fazendeiro. Mas a terra não rendia o suficiente para alimentar sua família. Então ele encontrou um emprego na fábrica de cimento na cidade vizinha. Seu macacão azul e seus sapatos reforçados viviam molhados de água e sujos de cimento. Em comparação com os outros trabalhadores, ele era o menos vistoso. Era corcunda e, quando andava, ele parecia mancar.

Eu estava sentado à frente dele, quando vieram. Primeiro não consegui entender o que queriam. Eu só vi os olhos dele cheios de medo. Olhos que diziam: não, não façam isso. Por favor, deixem-me em paz! Mas naquela hora não haveria paz. Os olhos dos outros dois colegas brilhavam de sadismo. Não, não era apenas sadismo, havia neles também deboche e desprezo, algo diabólico. Ambos os colegas eram bem mais jovens, por volta dos trinta, pareciam fortes e saudáveis, atletas bem treinados. Um deles se posicionou atrás do colega mais velho, ao lado de uma máquina para lavar placas de cimento. O outro segurava em ambas as mãos um chapéu, aparentemente o chapéu do colega mais velho, cheio de água. Enquanto o primeiro ficou posicionado atrás dele, de braços cruzados e pernas abertas, o segundo levantou o chapéu sobre o colega velho e, com um movimento rápido, virou o chapéu e o colocou na cabeça do homem. A água escorreu pelo seu rosto, enxarcou sua roupa, molhou a mesa e encheu a lancheira. A vítima nem levantou os braços, não fez nada para se defender. Evidentemente, ele sabia que não tinha chance nenhuma contra seus torturadores. Provavelmente não era a primeira vez que faziam essa brincadeira com ele. Os dois não disseram nada, só riram e, no fim, caíram na gargalhada.

Eu fiquei paralisado. Só tinha 19 anos. Depois do vestibular e pouco antes de passar a viver no mosteiro, passei quatro semanas trabalhando nessa fábrica de cimento e tinha me sentido muito bem aqui. Mas agora havia ali na cantina outros vinte colegas, todos ficaram sentados, olharam e não fizeram nada. Inclusive eu. Ainda hoje sinto vergonha disso. Ninguém o ajudou, ninguém garantiu paz e ordem. Ninguém reestabeleceu a ordem. Os dois malfeitores voltaram impunes para a sua mesa, comeram a sua marmita, rindo.

Fiquei pensando: "Ninguém vai fazer nada? Ninguém vai dizer nada?" Não, ninguém interveio, ninguém fez nada. Igual a mim. Quando chegou a hora, todos voltaram ao trabalho como se nada tivesse acontecido.

Senti tanta vergonha. Sim, eu também continuei trabalhando como se nada tivesse acontecido. Tudo seguiu seu curso naquela tarde. Mas o que eu havia presenciado não saiu da minha cabeça. Quanto mais refletia sobre aquilo, quanto mais a cena se repetia na minha cabeça como um filme, sem que eu refletisse muito sobre o que havia acontecido, maior ficava a minha vergonha.

Duas horas depois, nossos caminhos se cruzaram no almoxarifado. Estávamos na mesma fila e, aparentemente, queríamos a mesma coisa. Na direita, ele segurava luvas rasgadas, gastas pelo trabalho duro. Eu também segurava luvas rasgadas. As luvas aguentavam dois, no máximo três dias, então ficavam finas demais. O gerente do almoxarifado lhe entregou as luvas novas, ele deu meia-volta para passar pela fila. No momento em que ele se virou, tudo dentro de mim se contraiu. Ele olhará para mim, pensei. Aquele que esteve presente, que tinha assistido à brincadeira de mau gosto que tinham feito com ele, aquele que não tinha feito nada para defendê-lo, que tinha assistido a tudo como um espectador curioso, seguro, cercado de tantos iguais a mim. Agora, ele olharia para mim. Pelo amor de Deus, não! Eu desviei o olhar, olhei para o outro lado, baixei o olhar, fiz de conta que estava me interessando por algum equipamento do outro lado, mas não por ele. Eu não teria suportado o olhar dele, teria sido difícil demais.

Insuportável não era apenas o olhar dele. Insuportável era a minha impotência. Eu queria obrigá-lo a desviar seu olhar. Eu queria me colocar atrás dele, segurar sua cabeça entre as minhas mãos e virar a cabeça para qualquer direção, menos para a minha. Mas eu não podia fazer isso. Já que não podia obrigá-lo a desviar o olhar dele, eu quis ser invisível naquele momento. Eu me sentia nu. Desmascarado. E me senti miserável. Como um cúmplice. Como um perdedor. O que eu mais temia era que ele me visse exatamente do jeito que eu era.

Quando o turno terminou às cinco da tarde, nós estávamos no vestiário, reunidos no canto. Nós, eu e mais dois ou três estudantes que aproveitavam as férias para trabalhar e os dois colegas de trinta anos que tinham atacado aquele senhor.

"Como alguém pode falar tanta besteira", disse um dos colegas de 30 anos. "A velha dele o mima, prepara todos os dias os seus sanduíches; e então ele vem para cá com seu chapéu idiota. Depois do banho que demos nele, eu queria ter dado um soco na cara dele. Que rosto ridículo. Ele é um estúpido. Ele não mereceu outra coisa. A culpa foi dele". – "É isso aí", disse seu colega. "É um retardado. Ele é burro demais para este mundo!" Nós outros rimos também, sim, sim, burro demais para o mundo. – Rimos com eles. Eu também.

Então subi em minha moto, joguei o cigarro no chão e percorri os sete quilômetros até minha casa. A estrada de terra era reta e passava por campos de milho e de trigo e uma grande floresta. Mas naquele dia eu não estava a fim de contemplar a natureza.

O que eu deveria ter feito?, eu me perguntei. Eu só sou um trabalhador temporário, só vou ficar quatro semanas naquela fábrica, os outros são empregados de verdade, recebem seu salário o ano todo. Além disso: só tenho 19 anos de idade. Sou jovem demais para abrir a boca, para defender os oprimidos de uma fábrica de cimento. Com certeza não foi um incidente único. Parece já ser rotina. E eles poderiam ter feito coisa bem pior. Quem sabe, talvez os operários no mundo inteiro se tratem desse jeito. Aqui a vida não é igual a uma faculdade. Não foi o que sempre nos disseram? Quando tiverem que trabalhar, vocês verão que a vida não é uma brincadeira. Na escola, todos tratam vocês com cuidado, mas o mundo é diferente, o mundo é cruel.

Quando cheguei na nossa fazenda e guardei a minha moto na garagem, fui dar uma volta. Visitei nossa pastora alemã no celeiro, que tinha parido há poucos dias antes. Eu me sentei ao lado dela, a acariciei, acariciei os filhotes e fiquei observando esses animais miúdos enquanto mamavam.

As pessoas que conhecem essa história da minha vida e me ouvem pregar no domingo que, algum dia, o Reino de Deus virá, que haverá um novo céu e uma nova terra, que então veremos Deus habitar entre os homens, que Deus enxugará todas as lágrimas, que não haverá morte nem tristeza (Ap 21,1-4). Quem me ouve pregar essas coisas, como isso soa para aqueles que estiveram presentes naquele dia na fábrica de cimento?

Devem concordar com Marx, que descreveu a religião como ópio para o povo. Poderiam até pensar que o padre está fugindo de sua responsabilidade e acalma as vítimas com o reino dos céus. Quando Marx está certo, ele está certo.

Religião é um consolo.

E pode servir também para tapar nossos olhos diante da injustiça neste mundo.

O olhar voltado para o Reino de Deus que vem depois da morte desvia o olhar para o além. Isso pode ser um consolo falso quando nos dizem que a justiça será reestabelecida depois da morte. Quando os poderosos serão derrubados de seus tronos e os fracos serão elevados. Quando os famintos finalmente serão saciados e os ricos não receberão nada, como diz o *Magnificat*, no louvor de Maria. Pelo menos, é um conforto maior do que dizer: quando a revolução mundial for realizada, seus descendentes não sofrerão mais. Admito que você não viverá isso pessoalmente. Para você não haverá justiça.

É verdade, a religião cristã pode ser como uma droga que nos permite continuar quando a vida só nos dá lágrimas. Quando somos explorados. Quando trabalhamos e o salário que recebemos não basta para matar a fome. Quando os colegas mais novos expulsam os mais velhos da empresa. Quando, na fábrica de cimento, os fortes gozam do corcunda e o envergonham. Esse ópio diminui a dor, é como medicina paliativa religiosa. Ele nos permite suportar o sofrimento, não nos desesperamos totalmente diante do sofrimento e da dor insuportável, pois ele nos dá a esperança de uma vida melhor.

Isso se torna um problema – e Marx está certo também neste ponto – quando esse "ópio do povo" (que, mais tarde, Lenin transformaria em "ópio para o povo") nos leva a não mudar nada nas circunstâncias existentes. Eu fujo da responsabilidade e assisto à injustiça e conforto aqueles que sofrem com a perspectiva do além. Marx está certo, mas apenas em parte. A sua análise da religião não é completa, é fácil demais. A minha fé é muito mais complexa – e, para ser sincero, é muito mais difícil acreditar nela do que aquilo que Marx revelou.

Como cristão, não acredito apenas que esse Reino de Deus virá algum dia. Eu acredito e prego às pessoas, que ele já veio. É isso que eu chamo de problema. Pois aquele homem na fábrica me perguntará: "Onde? Onde esse reino já veio? Você não age, você fica sentado em seu banco, assiste como gozam de mim. De um lado, você quer me consolar com uma vida no além onde a justiça será reestabelecida, ao mesmo tempo, você me diz que o céu já está aqui. O reino já começou. Onde? Você também está gozando da minha cara!"

Essa acusação do operário não é novidade. Essa acusação é um problema muito antigo. Já as pessoas na Bíblia se irritaram com isso. Jó pergunta em seu sofrimento mais profundo:

> Por que os ímpios continuam a viver e, ao envelhecer, se tornam ainda mais ricos? Sua descendência está segura em sua presença, e seus rebentos vivem diante deles. Suas casas estão em paz e sem temor, a vara de Deus não os atinge. Seus touros fecundam sem falhar, suas vacas dão crias sem abortar. Deixam correr suas crianças como cabritos, e a filharada brinca alegremente. Cantam ao toque do tamborim e da harpa e divertem-se ao som da flauta. Passam seus dias na ventura e com serenidade descem à morada

dos mortos. Eles que diziam a Deus: "Afasta-te de nós. Não queremos conhecer teus caminhos!' Quem é o Todo-poderoso, para que o sirvamos? Que proveito tiramos em invocá-lo?" (Jó 21,7-15).

É exatamente essa a pergunta que muitos fazem. A vida com Deus não é simplesmente "legal". Eu desisto de casamento e família e de muitas outras coisas em nome do reino dos céus. Para a maioria das pessoas, isso é loucura. Ou eu estou louco, ou eu não estou louco e há alguma verdade quando afirmo que esse reino já existe.

Não sei se o senhor na fábrica de cimento tinha uma noção disso. Tampouco sei se ele estava à procura de um consolo, de uma esperança de tempos melhores. Não posso falar por aquele trabalhador. Nunca mais o encontrei depois disso. Não sei se ele me perdoou, se perdoou os outros espectadores e fracassados, se perdoou os dois agressores. Aquilo que fizeram com ele deve ter tido algum efeito sobre a sua família quando ele voltou para casa à noite. Sofrer abuso, ser ridicularizado, isso não é algo que você engole sem mais nem menos. O fedor disso impregna as roupas, e não sei se a família dele nos perdoou pelo que fizemos com ele.

E há mais alguém que é diretamente afetado por aquilo que aconteceu naquela cantina, onde fui um espectador que não interferiu: Deus. Quando destruo uma estátua de mármore, eu afeto não só o vendedor, mas também o escultor. Quando abuso de uma criatura deste mundo, afeto não só a criatura, mas também o arquiteto do universo. "Todas as vezes que fizestes isso a um desses meus irmãos menores, a mim o fizestes" (Mt 25,40).

Deus diz isso. O juízo faz parte do Reino de Deus. Não podemos simplesmente ignorar isso. Isso não soa como a bula que vem com uma dose de ópio. Isso não nos permite ficar chapados e esquecer. O juízo sempre responsabiliza e nos expõe a uma verdade maior, a uma justiça maior do que a nossa própria. Se eu estivesse no hospital e pudesse apertar um botão que liberasse uma dose de alguma droga para encobrir minhas dores, minha vergonha e minha culpa, de modo que eu pudesse dizer: ah, até que dá para aguentar – *isso* seria ópio para a minha alma.

Não, não é assim que eu quero ser. Alguém que sempre se enrola em explicações e tenta se desculpar infinitamente, que nega a si mesmo ou constrói um mundo feito de mentiras. Eu já usei muitas desculpas para os fracassos na minha vida. Mas em meu íntimo, sei que sempre existe só um caminho para livrar a alma do lixo, a verdade. Eu não olho no espelho, eu olho para Deus, eu encaro a verdade e permito que ela me condene. Ao mesmo tempo, imploro por perdão. O Reino de Deus existe não só para as vítimas, ele existe também para os agressores.

Esta é a verdadeira dificuldade que a minha religião representa: o fato de não podermos determinar por meio das nossas próprias leis quem irá para o céu ou não. O fato de que o Reino de Deus já começou na Terra porque podemos nos arrepender de nossos pecados, ser penitentes e porque Deus pode nos perdoar. E quando falo em perdão, não falo só do perdão da cumplicidade igual à minha, mas do perdão dos piores pecados, de homicídio e tudo mais que existe. Estou falando de um perdão do qual eu mesmo não seria capaz. De um perdão que não significa ignorar a culpa, mas de um perdão que identifica e designa a culpa claramente. Como isso funciona, eu não sei. Sou pequeno demais para isso.

Quando penso em minha própria vida, eu também fui vítima de vez em quando. Sobretudo, porém, fui (e sou) também agressor, seja por ter machucado outros diretamente, seja por ter permanecido calado, por não ter me manifestado.

Nem sempre é possível encontrar o outro que foi machucado por mim ou a quem recusei minha ajuda para pedir perdão a ele. Talvez porque ele esteja distante geograficamente, talvez porque já tenha morrido, talvez porque uma conversa ou um contato com ele seja impensável.

No início de cada missa, eu rezo: "confesso a Deus, todo-poderoso, e a vós, irmãos e irmãs, que pequei muitas vezes por pensamentos, palavras, atos e omissões por minha culpa..." Sempre tenho a esperança de que realmente existam essas linhas de conexão por intermédio de Deus entre nós, seres humanos, de que existam caminhos invisíveis nos quais Jesus me toma pela mão e me tira dos emaranhamentos da minha culpa. Rezo pedindo que Ele me perdoe por ter deixado aquele senhor na fábrica de cimento à mercê dos seus colegas malvados. Rezo para que, um dia, Jesus me reúna com Ele e nós possamos olhar um para o outro, sem vergonha, mas com o afeto e o amor que só existe no perdão de Deus.

Aguardo o consolo do perdão da minha culpa e do meu pecado. E sempre que algo não pode ser corrigido agora, nesta vida, quando não podem ser estabelecidas conexões curadoras, resta a única esperança de que a vida continue depois da morte, que reencontrarei as pessoas que sofreram injustiça por causa de mim e que foram injustas comigo. Essa é a única esperança que tenho! E essa esperança tem um efeito sobre a própria vida.

A arma de brinquedo se parecia com uma arma verdadeira, por isso soldados israelenses mataram o garoto palestino Ahmed em 2005. No hospital em Haifa, restou aos médicos apenas constatar sua morte cerebral. Os médicos perguntaram ao seu pai, Ismael Khatib, se ele doaria os órgãos de seu filho. Depois de conversar com sua esposa, ele optou pela doação dos órgãos. Pouco tempo depois, crianças israelenses receberam os órgãos do garoto palestino. Em 2008, Marcus Vetter e Leon Geller contam essa história verdadeira no documentário *O coração de Jenin*. A decisão dos pais é testemunho de uma generosidade surpreendente, que, em meio ao conflito no Oriente Médio, permitiu uma sobrevida aos filhos dos seus "inimigos".

Esse gesto incrível de humanidade me lembra que o Reino de Deus já está aqui, que quando lidamos com Deus os padrões de comportamento normais deixam de funcionar. A chama da vingança se apaga. E outra luz começa a brilhar.

Qual é a essência do Reino de Deus? Não poderíamos dizer que essa história é apenas um momento lindo entre pessoas com pensamentos e atos humanos? Não poderíamos entender a história sobre a família palestina simplesmente como um gesto simpático entre todos os envolvidos? Alguns talvez façam isso. É possível explicar esses acontecimentos como algo puramente humano. Mas eu vejo em histórias como essa um elemento que as distingue de todas as outras, pois elas falam de uma esperança que transcende aquilo que as pessoas veem e vivenciam. Essa esperança é algo muito pequeno, mas a diferença que ela faz é enorme. Não temos conhecimento. Cremos no bem. E esse bem é Deus. E cremos que, algum dia, o bem vencerá. Mesmo que o mundo deixe de existir até lá. Mesmo que não possamos ajudar a garantir a vitória do bem, acreditamos que Deus tem a última palavra.

Os pais do garoto assassinado não podem impedir a guerra com a sua boa obra. E o documentário também não mudará o conflito no Oriente Médio. Todos os dias, existem pessoas que, de livre e espontânea vontade, praticam o bem, muitas vezes sem que ninguém fique sabendo disso; poderíamos dizer que são atos que não abalam o mundo. No entanto eu acredito que eles mudam o mundo. Esses atos abrem uma ruptura, uma fenda no mundo que conhecemos para que o Reino de Deus possa invadi-lo.

Praticar o bem em segredo pressupõe uma fé. Se eu fizer um cálculo de custos e benefícios, eu não preciso nem tentar praticar o bem. Mas acreditar no bem que me pergunta de que lado eu estou, faz-me agir. E quando as pessoas me perguntam qual é o bem que me traz, eu respondo que é bom. E quando perguntam: "E o fato de isso ser bom, qual é o bem que isso lhe traz?", eu respondo que eu quero o bem – não importa se ele vença aqui ou no além, eu quero ficar do lado dele.

Isso permite que as pessoas digam em situações dominadas pelo ódio e pela destruição: "comigo não. Eu posso até sair perdendo agora. Talvez até prejudique a mim mesmo se intervir, mas eu adoro a Deus, eu acredito no bem e creio que, em longo prazo, ele vencerá".

Certa vez, quando perguntaram a Jesus quando o Reino de Deus viria, Ele respondeu: "O Reino de Deus não vem ostensivamente. Nem se poderá dizer 'está aqui' ou 'está ali', porque o Reino de Deus está no meio de vós" (Lc 17,20-21).

Eu não tenho conhecimento. Acredito que, no fim, haverá justiça. Acredito que, no fim, o pequeno e o fraco, o impotente que é explorado e desdenhado, que sofre abusos e destruição econômica, que é extorquido e cuja reputação é arruinada, que é responsabilizado por sua própria miséria – eu acredito que, no fim, esse impotente receberá ajuda. Acredito que ele receberá justiça.

Se Deus existe, se Ele tem um significado para nós e se Ele se importa conosco, então eu acredito que Ele intervém a despeito de toda a sua impotência na cruz, mas também com todo o poder da criação do mundo. Acredito que Ele intervém e reestabelece a justiça. Pois não é possível que Ele permita que o pobre sofra a morte miserável de um cão abandonado. Não é possível que Ele diga ao impotente, que caiu numa vala profunda da vida e, lá de baixo, clama por socorro: "que azar, problema seu. O diabo pega quem fica por último".

Deus não pode ser cínico. Por isso, algum dia, ocorrerá uma inversão de todas as circunstâncias: *Pelos séculos dos séculos*

Quando se trata de perguntas sobre as últimas coisas, a Bíblia está cheia delas. Essas perguntas ocuparam as mentes e os corações das pessoas por milênios. Sobre as últimas perguntas da vida, a Bíblia oferece imagens maravilhosas, visões consoladoras, que sempre giram em torno de duas coisas: um juízo final e uma vida nova depois dele.

Talvez esse juízo final seja semelhante ao fim de uma peça de teatro: a cortina se fecha, a peça acabou. "Em sua morte, o ser humano adentra a realidade e a verdade não veladas. Ele ocupa o lugar que lhe cabe pela verdade. O jogo de máscaras da vida, o refúgio por trás de posições e ficções acabou. O ser humano é aquilo que ele realmente é. O juízo consiste nesse afastamento das máscaras que ocorre na morte. O juízo é simplesmente a própria verdade, seu tornar-se evidente. No entanto, essa verdade não é neutra. Deus é a verdade, a verdade é Deus, é 'pessoa'" (Joseph Ratzinger)[2]. Evidentemente, a morte é igual a uma ruptura definitiva. Depois vem uma vida nova, uma vida completamente diferente.

Nesse reino, o paradoxo se torna possível, como na visão bíblica do Profeta Isaías que, depois do juízo, promete uma vida em que ninguém é obrigado a se reinventar, porque Deus nos achou definitivamente e nos chama para estarmos com Ele:

> Ele se inspirará no temor do Senhor. Não julgará pelas aparências nem decidirá só por ouvir dizer. Julgará os pobres com justiça e decidirá com retidão em favor dos humildes do país. Ferirá a terra com a vara de sua boca, e com o sopro de seus lábios matará o perverso. A justiça será o cinturão que ele usa e a fidelidade, o seu cinto. Então o lobo será hóspede do cordeiro e o leopardo se deitará com o cabrito. O bezerro, o leãozinho e o animal cevado estarão juntos, e um

---

2. RATZINGER, J.; BAND IX, K.; PUSTET, V. *Eschatologie – Tod und ewiges Leben, Reihe*. 6 ed. Regensburg, 1990.

menino os conduzirá. A vaca e o urso pastarão lado a lado; juntas se deitarão as suas crias; e o leão comerá capim como o boi. A criança de peito brincará junto à toca da víbora, a criança desmamada porá a mão na cova da serpente. Não se fará mal nem destruição em todo o meu santo monte, porque a terra estará cheia do conhecimento do Senhor, como as águas que enchem o mar (Is 11,3-9).

É claro que essas visões se baseiam em fé, não há dúvida disso. O interessante é que, em sua filosofia, Karl Marx também se orienta pela fé bíblica: pelo conceito do juízo e pela visão de uma vida nova. Ele adotou a estrutura bíblica, mas distorceu um aspecto fundamental; para ele, o juízo final, a grande cisão, não é assunto de Deus, mas algo que cabe exclusivamente ao ser humano. Ele substituiu o juízo final pela revolução mundial.

Pelos séculos dos séculos.

Eu aposto em minha fé em Jesus. Pois não acredito que o ser humano seja a instância última de justiça. Porque nunca conhecemos toda a verdade nua e crua. Aposto em minha fé em Jesus, que nos mostrou com sua morte e ressurreição que esta vida aqui não é tudo. O fundamento da minha fé é pressentimento. O pressentimento de que Jesus pode estar certo. O pressentimento que atraiu os amigos de Jesus e que os levou a renunciar a tudo. O pressentimento da mulher que sofria de hemorragia que tocou as roupas de Jesus, que, talvez, só por causa desse pressentimento acreditou de todo coração que Jesus a curaria. O pressentimento de que a vida é diferente quando o fio de vida de Jesus está entretecido no tecido da minha vida. Um fio de vida vinculado a uma grande felicidade interior que jamais trocaríamos por qualquer outra coisa. Um fio de vida que tem a ver com perdão e reconciliação e que é tão forte que nos permite superar até os muros mais altos.

Existiram, existem e sempre existirão pessoas que se encantam tanto com essa felicidade que estão dispostas a fazer tudo para nunca mais perder esse fio de vida de Jesus, nem que isso custe sua própria vida. Aquele que só conhece o tecido da própria vida, que só vive no círculo do aqui e agora, podemos afirmar que essa pessoa não faz ideia. Se eu precisasse dizer qual é o proveito que Jesus me traz, eu diria simplesmente: esse pressentimento. Entrar no teu reino, para sempre, eternamente, esta é a minha petição.

Este é o Reino de Deus, é onde vive a justiça, é onde domina a paz. O sofrimento acabou. Ninguém tortura mais o outro. Ninguém debocha nem ri mais do outro. Ninguém expõe mais o outro à vergonha, ninguém joga mais água em você e nem na sua lancheira. E ninguém precisa mais se envergonhar por ter assistido à crueldade e ao cinismo sem intervir. Ninguém mais olha para o seu próprio umbigo, não se curva nem se distorce. Tudo se amplia, ergue-se e olha para além do próprio horizonte limitado. Por isso, ninguém se preocupa mais somente com os membros da própria tribo, seja ele palestino ou israelense. A cantina na fábrica não é mais o centro do mundo. O amor se abre para o mundo inteiro.

Pelos séculos dos séculos.

17
Prostrado

Estou em Vézelay para me recuperar. Antigamente, este era o destino de peregrinação mais famoso da França. Trinta mil pessoas viviam aqui na Idade Média. Hoje o seu número de habitantes não chega a 500. A cidade parece abandonada, quase como uma cidade-fantasma. Muitas casas estão parcial ou totalmente vazias. Há becos sem iluminação. Nenhuma luz em andares desabitados. Janelas escuras observam caladas as pessoas que passam por elas. Eu nem me arrisco a caminhar por aqui, porque fico ainda mais deprimido. Sempre que passo por esses becos vazios, eu penso que houve um tempo em que as pessoas acreditavam, que houve um tempo em que a igreja estava viva.

Os fiéis, que vinham de todos os países, veneravam na igreja da abadia de Sainte-Marie-Madeleine as ossadas da santa Maria Madalena, uma companheira de Jesus. Ela é a primeira que encontra Jesus depois de sua morte e ressurreição. Com lágrimas nos olhos, ela está no sepulto dele e procura seu corpo. Algo em que ela possa se agarrar. Enquanto ela chora, um homem passa por ela – é Jesus, mas ela não o reconhece. Ela acredita que é o jardineiro do cemitério.

Jesus se dirige a ela com o nome Maria, e de repente, os olhos dela se abrem, ela reconhece que aquele homem é

Jesus, quer abraçá-lo. Podemos imaginar isso. Quando uma pessoa que amamos morre e, de repente, o vemos diante de nós, vivo – imagino que seria normal que queiramos segurá-la para nunca mais soltá-la. Queremos tocá-la porque não acreditamos nos nossos próprios olhos. Mas Jesus diz: "Não me segure" e a envia para anunciar aos outros as boas-novas de que aquele que foi torturado até a morte, vive.

Maria Madalena não deve ter imaginado que, algum dia, haveria um lugar para o qual as pessoas iriam para, de certa forma, agarrar-se a *ela*, acreditando que os seus ossos descansam em Vézelay. Não podemos tocá-los, mas eles estão bem ali, e milhares vieram ao longo dos últimos milênios porque precisavam de um lugar e de algo em que pudessem se agarrar em sua fé. É uma necessidade que eu conheço.

Meu pai faleceu. Alguns dias atrás, iniciei minha viagem para a França, para Vézelay. Sete horas de carro. Estou triste por causa da morte do meu pai. Ainda me lembro muito bem do momento em que o pai dele, o meu avô, faleceu. Quando meu pai voltou do enterro do meu avô, eu o vi aos prantos pela primeira vez. Ele estava ajoelhado no quarto, em frente a uma cadeira, e os seus soluços faziam o seu corpo estremecer. Para mim, um garoto de onze anos de idade, foi um momento consternador. Ainda sei o que pensei quando vi meu pai: o próximo será você. Entendi isso imediatamente. Meu pai não tinha mais ninguém acima dele além do céu.

Agora, eu mesmo sou o próximo na sucessão geracional. Não tenho mais ninguém na linhagem masculina da minha família a quem eu possa perguntar como as coisas eram antigamente, o que você acha disso, o que você faria?

Não que eu tenha feito esse tipo de pergunta com frequência, mas a possibilidade de perguntar existia, e agora ela não existe mais. Isso me deixa inseguro.

Alguém me mandou uma carta por ocasião do enterro do meu pai e escreveu: "da sua mãe, você herdou as suas qualidades afetivas e emocionais, mas o seu pai lhe deu o plano e lhe transmitiu orientação". Agora, sou completamente responsável por esse plano, por essa orientação, em todos os aspectos. Sinto que isso não vale apenas para a minha vida pessoal, mas também, e sobretudo, para o meu papel na comunidade da ordem. Para onde iremos, se um número cada vez maior de pessoas se afasta da igreja, em um tempo em que tantos parecem viver felizes sem a Igreja?

Quando chego na França, bato à porta da *Fraternité monastique de Jérsualem*. Em meio a todos os sentimentos de luto, mas também impulsionado pelo desejo de poder soltá-lo, agora que a longa demência finalmente também o soltou, quero entrar naquele espaço em que os monges se abrem para Deus como o Profeta Elias, para a "voz do silêncio que esvanece" (1Re 19,11-12, segundo Martin Buber). Preciso sair, sair da Alemanha, sair do meu escritório com todos os seus documentos, pois, com a morte do meu pai, o meu dia a dia saiu dos eixos, e a pergunta pelo sentido, a razão pela qual eu faço tudo isso, pela qual continuo sendo padre e não aproveito os meus últimos anos de vida para, talvez, fazer outra coisa, essa pergunta me acompanha há muito tempo, e nos últimos dias tenho percebido como eu seria tolo se continuasse a fugir dela.

Anseio por uma mudança de ares, sobretudo, anseio por silêncio. Por aquele silêncio que os monges definem da seguinte forma: "aprenda a ouvir, a se entregar às profundezas e a transcender a si mesmo. Pois isso é de grande importância para você. O silêncio o convida para isso. Vá e procure por ela, com amor e grande vigilância" – como explica o *Livro da vida das comunidades monásticas de Jerusalém*[3].

Talvez isso soe estranho. De vez em quando, um religioso como eu visita um mosteiro diferente para se retirar por um tempo. A razão é simples: a minha comunidade religiosa, a Congregação dos Sacerdotes do Sagrado Coração de Jesus (os dehonianos), é uma ordem de vida ativa. No sentido estrito, não vivemos num mosteiro, muito menos atrás dos muros de um mosteiro, mas em diferentes comunidades, das quais fazem parte também oficinas e instituições, nas quais trabalhamos com outras pessoas. Entre outras coisas, trabalhamos em escolas, instituições de formação, na paróquia, no aconselhamento de peregrinos, na missão *ad gentes* ou na administração. Em outras palavras, falamos e rezamos. Mesmo que reservemos para nós mesmos períodos de silêncio, nós vivemos imersos no dia a dia do mundo e somos expostos a estresse e correria. Procuro, portanto, me sintonizar na frequência desses monges e semieremitas. Mergulhar na corrente secular de orações monásticas, no cântico monástico dos salmos.

Nos momentos de silêncio, quando passeio entre essas antigas muralhas ou me sento em meu quarto quase sem nenhuma decoração, sinto não só como a morte do meu pai me comove. Não, aqui sou como que assaltado pela percep-

---

[3]. *Im Herzen der Städte*. Lebensbuch der monastischen Gemeinschaften von Jerusalem. Freiburg im Breisgau: Herder, 2000.

ção: a morte se deita como uma sombra sobre tudo o que faço como provincial da minha ordem, sobre as ligações e conversas com os confrades, sobre a correspondência e os e-mails, sobre as reuniões e conferências, sobre as conversas com os representantes de algumas dioceses alemãs ou diretores de outras ordens.

Se existe uma preocupação que me acompanha desde o instante em que assumi o cargo, que nunca me abandonou em todos esses anos e que me enche de tristezas, é a preocupação com a falta de novos membros da ordem. Eles praticamente não existem.

A idade média dos nossos 90 confrades holandeses é de 80 anos, entre os nossos 20 confrades flamengos, é de 85 anos. Há mais de 30 anos, eles não conseguiram recrutar nenhum membro novo. Concordaram em não aceitar mais ninguém. Alguns deles falam da *ars moriendi*, da necessária arte de morrer.

Enquanto passo esse tempo no mosteiro calado, percebo essa impotência diante da morte. Meu pai, que perdemos já antes de sua morte por causa da sua demência. Minha fé no Deus trino, Pai, Filho e Espírito Santo, que parece escapar pelos dedos do nosso tempo. Meus confrades e eu, que precisamos nos agarrar a algo para não sermos sugados por esse turbilhão. "Não me segure", Jesus disse a Maria Madalena. Era pedir muito dela. Eu teria tentado agarrá-lo. Eu o agarraria nesse momento em minha cela, no silêncio, se ele tivesse diante de mim. Preciso de uma mão que me segura, uma mão verdadeira, não uma mão abstrata. Em me sinto pequeno.

Vézelay se encontra no centro da Borgonha. Não existe outra região no mundo da qual partiram mais reformas e movimentos de renovação na Igreja do que da Borgonha. Talvez seja por isso que estou aqui. Quero ser renovado. E, sendo completamente sincero, talvez eu nem esteja procurando o silêncio, mas aquilo que espero receber do silêncio – que Deus fale comigo, que eu o ouça ou o sinta.

A uns 200 quilômetros daqui, há a abadia de Cluny, da qual partiu uma reforma a partir do século X que logo se espalhou por toda a Europa. Essa reforma queria que os monges beneditinos retornassem para a Regra de São Bento. O que ela queria era viver essa regra antiga de modo mais fiel, impor o ritmo do mosteiro com mais rigor, lembrar-se do voto e viver o Evangelho de maneira mais crível. A reforma de Cluny se transformou em um símbolo global de renovação, que exerce um papel profético na igreja. Em decorrência dessa reforma, muitos mosteiros europeus foram reformados, entre eles também a abadia de Vézelay.

Vézelay é um lugar especial. Também por causa de sua história ambivalente. Foi em Vézelay que Bernardo de Claraval chamou os fiéis para a primeira cruzada em 1146. Alguns historiadores acreditam que Bernardo de Claraval até chegou a recrutar crianças para a conquista militar do Sagrado Sepulcro. E eu mesmo me lembro das minhas aulas de história em Freiburg. Quando pesquisamos as fontes medievais, estudamos também um texto latino que descrevia o carisma indomável do Abade Bernardo de Claraval. Quando as mães ouviram que Bernardo de Claraval estava se aproximando de Freiburg para pregar sobre a cruzada iminente, elas acorrentaram seus filhos em casa, porque temiam que eles fossem seduzidos pela eloquência retórica do orador francês, orador este que dominava a psicologia das massas.

Tive que pensar nisso quando me aproximei do mosteiro. Eu não estou à procura de um truque psicológico, não quero ser manipulado, não quero que a minha fé vença as minhas dúvidas de forma duvidosa para voltar a vacilar daqui a alguns anos. Quero uma fé que eu não consiga produzir por conta própria. Eu sou padre. Fui ordenado para Deus – será que Ele não se importa com aqueles que pretendem segui-lo?

A igreja da abadia se encontra no centro de Vézelay no ponto mais alto de uma colina, o mosteiro da Comunidade de Jerusalém fica logo ao lado dela. A construção dessa igreja do século XII me fascina. Entre as horas de oração, entro nessa basílica romana. Ao longo do dia, as condições extremas de luz mudam constantemente. A claridade no coro é indescritível. Se você entrar na basílica de manhã pela porta principal, você se depara com uma escuridão completa. Quando olha adiante seguindo o corredor, a luz do coro o atrai magicamente. A igreja não é escura em si, mas o coro é tão claro como se ele estivesse mais próximo do sol e do próprio divino. Poucas pessoas estão presentes na minha primeira manhã na igreja. Uma mulher com uma postura incomum para um espaço de igreja chama minha atenção. Falta pouco até o meio-dia quando entro na basílica e vejo essa mulher. Ela está sentada no chão, encostada em uma coluna, a sua postura é igual a de uma estátua de buda. Ela não está voltada para o altar nem para as figuras de santos, mas para uma parede. Enquanto está sentada de olhos fechados, a luz do sol invade a igreja por uma janela e cai sobre ela.

Como descubro mais tarde, ela é adepta do esoterismo, à procura da luz de Vézelay. Nas últimas décadas, os seguidores de movimentos esotéricos conquistaram Vézelay e essa construção romana. As livrarias na rua principal da cidade, a Rue Saint-Etienne, oferecem uma variedade enorme de literatura e objetos esotéricos. Os esotéricos acreditam que a basílica é um lugar de energia, que, de modo incomum, concentra a luz do sol e, supostamente, é capaz de energizar positivamente o visitante. Isso também vale para a própria colina, onde acreditam haver uma densidade especial de raios telúricos curadores.

A literatura esotérica considera Vézelay um lugar importante na "senda da luz". Luz, calor e energia vencem, é nisso que acreditam os seguidores das diferentes vertentes esotéricas que se encontram em Vézelay. O propósito é sempre enfrentar e processar a energia negativa vinculada à sombra do caminho da vida. O positivo deve preponderar. Com a força da luz, do calor e dos pensamentos, vale viver uma vida sem preocupações, saudável, feliz e bem-sucedida. Um objetivo maravilhoso! E quando nos sentamos no sol, sentimos esse calor e essa energia.

Contemplo a mulher na luz do sol e penso: a minha fé é exaustiva. Desejo uma fé fácil. No fundo, desejo algo como um toque real, não dos raios de sol, mas de Deus. Pensamentos desse tipo passam pela minha cabeça e ouço de novo esse "não me segure".

Jesus não era uma figura de luz, não era um sol que aquece. Ele tinha um corpo que as pessoas podiam tocar. Ele tinha um corpo também depois da ressurreição. Tomé pôde tocar as feridas no corpo de Jesus, e neste livro, tentei tocar o corpo ferido de Cristo com a ajuda da antiga prece *Anima Christi*.

"Não me segure" – Por que não? Os esotéricos têm os raios de sol para recarregar a sua fé, para receber uma energia que pode ser sentida. Eu também preciso de um apoio! Passo pela esotérica. A sombra do meu corpo cai sobre o rosto dela por um instante. Ela parece não se importar.

O cheiro na igreja é igual ao que encontramos em muitas construções romanas antigas: àquela umidade em pedras antigas, a incenso e um pouco a cera, é como se o tempo estivesse parado. Eu só sei que o meu tempo muda. Que aquilo que eu acreditava no passado não vale mais da mesma forma. Que aquilo que aprendi na universidade não confere. Os inúmeros cursos e seminários durante a formação de um padre pretendiam nos preparar para as pessoas que procuram um padre, que necessitam da liturgia e da missa, que interpretam sua vida à luz de Deus, à luz daquele que é sempre maior, que querem consagrar momentos importantes da vida a Deus.

O que tinham me ensinado: que as pessoas anseiam pelo mistério do divino, sendo elas cristãs ou não, sendo elas seguidoras de uma religião ou não. Que, por isso, podemos chamar de "cristãos anônimos" também aqueles que não acreditam em um Deus por causa daquilo pelo qual anseiam. E que nesse jogo, no qual o humano sempre remete ao religioso; e o religioso, ao humano, precisamos de padres, de religiosos. Para que o mundo permaneça "aberto para o alto" – era isso que tinham me ensinado. E eu tinha me agarrado a isso.

A queda do Muro de Berlim derrubou muitas coisas, inclusive algumas suposições dos meus professores de teologia. Hoje sabemos que existem regiões inteiras na Alemanha onde as pessoas são felizes sem Deus. E isso não vale apenas para regiões, vale também para pessoas que eu conheço desde a minha infância e juventude, com as quais eu cresci e que ainda ocupam um lugar especial na minha vida. Elas não acreditam em nada, e nada lhes falta.

Importa o fato de eles parecerem não precisar de Deus. Importa para mim.

Para que Jesus me serve, se eu tenho a sensação de que ninguém precisa dele? Por que devo correr por aí com Ele no coração e na ponta da língua, para que devo levar uma vida casta se ninguém se interessa por isso e todos prefeririam que eu casasse e gerasse filhos? Para que Jesus serve, que, dois mil anos atrás, foi assassinado, cujo corpo foi destruído e que só passou tão pouco tempo aqui na terra que a maioria das pessoas não tiveram a chance de conhecê-lo pessoalmente? Uma chance que eu também não tive?

Durante minha estadia em Vézelay, percebo uma coisa. Apesar de ser padre e apesar de ser verdade que eu sirvo às pessoas e que aponto para Deus, com palavras e sobretudo com a minha vida, eu também dependo das pessoas. Começo a ter uma noção daquilo que poderia me ajudar em minha crise. E talvez seja esta a razão pela qual eu vim para cá. Preciso do encontro com uma pessoa que me fale de Deus. Pois este é o meu sol pessoal, a minha fonte de energia viva: pessoas. Junto ao túmulo de Jesus, Maria Madalena virou a cabeça. E eu preciso de alguém que vire a minha cabeça.

Eu não posso me sentar na luz do sol e reabastecer a minha energia, isso não funciona comigo. Eu preciso de pessoas que me falem de Deus, que eu possa observar, nas quais eu consiga ver a fé, a ação de Deus. Tais encontros me dão força. Mas não posso chamá-las por meio de um passe de mágica. Tampouco posso simplesmente meditar e experimentar o toque de Deus.

Durante os oito dias que passei aqui, fiz anotações todas as noites antes de dormir. Amanhã, eu me despedirei desse lugar.

Estou sentado em frente ao meu diário e adoraria poder registrar um evento positivo. Algum *insight* que justificasse a viagem para cá. Largo a caneta e fecho o caderno. Olho pela janela, para a escuridão; as luzes na igreja se apagaram. A algumas ruas daqui, ouço o latido de um cão.

Há momentos em que não me sinto apenas só, mas também solitário. Como agora. Eu preciso de momentos a sós comigo mesmo para me distanciar, para ter tempo para mim mesmo, para reabastecer. Mas quando me sinto solitário, a sensação não é boa. Então me sinto como se estivesse na vida errada. Como agora. E é apenas um conforto passageiro que a solidão fazia parte também da vida de Jesus, que, às vezes, Ele a buscava conscientemente.

Ele sofria com ela, principalmente no fim da sua vida, mas eu acredito que Ele a via também como uma chance, como necessária para sua autoconfirmação e um acesso mais aprofundado a si mesmo. Foi por meio de sua solidão que Jesus encontrou um acesso mais profundo: às pessoas, à criação, mas sobretudo ao seu Pai no céu. Acredito que, sem sua solidão, Jesus teria esfriado por dentro. Sua solidão era a condição para o encontro com o Pai, ela era como uma janela de sua vida pela qual entravam o amor e o calor de seu Pai. Como uma lembrança redentora, como uma presença libertadora.

Continuo olhando pela janela, para a escuridão da noite. A lua está sobre a igreja e ilumina o pátio. Volto a pensar no meu pai que morreu, depois me lembro de meu avô com sua fantástica barba imperial que eu amava tanto quando garoto e cuja morte meu pai lamentou tanto.

O latido do cão se transforma em uivo. "Como eu", penso. "Esse cachorro uiva como eu. Ele também quer que seu mestre finalmente volte".

Sinto surgir dentro de mim algo frio. Penso: "Jesus traz algo para a minha vida que me perturba, algo que não é atraente". Sei que falei muito sobre a beleza da fé, também sobre a beleza de Jesus, sobre suas feridas nas quais as nossas podem ser curadas, sobre sua alma na qual o Pai se espelha. Mas isso não é tudo.

Sinto algo destrutivo quando penso em Jesus. Não é legal fazer parte dos perdedores. Em alguns círculos, as pessoas riem da minha fé, sentem pena de mim pela vida que decidi levar. Uma conhecida minha, professora em uma universidade de Berlim, me contou como alguém lhe disse em uma festa: "ah, eu nem sabia que você é católica. Eu sempre a considerei uma pessoa inteligente".

Deus não é bonzinho. A fé em um Deus cujo Filho foi pendurado na cruz, a fé em um Deus que se tornou corpo humano, que sofreu nesse corpo, que cuspiu sangue, que gritou de dor e desespero e que teve uma morte inimaginável – essa fé não é "legal".

É um escândalo para os espíritos esclarecidos. É mais repugnante do que se realmente pregássemos um cão na cruz, de cabeça caída, de modo que sua língua pende da boca. Paulo estava certo: "Nós pregamos Cristo crucificado, escândalo para os judeus, loucura para os gregos" (1Cor 1,23).

Ao uivo solitário do cachorro, que atravessa as ruas de Vézelay até chegar à minha cela, se juntam a outros dois ou três cachorros. Conheço isso da nossa fazenda. Sempre tivemos pastores alemães e, às vezes, eles pareciam se comunicar com os cachorros das outras fazendas.

De repente, lembro-me da história que contamos em nossa família até hoje. Eu a ouvi muitas vezes na minha infância e, de alguma forma, ela me remete à minha atual situação.

Meu bisavô tinha um pastor alemão, que ele amava muito. Quando o meu bisavô morreu e foi enterrado no cemitério do vilarejo e o cortejo fúnebre se reuniu na sala para comer bolo e tomar uma xícara de café enquanto o túmulo era fechado, o cachorro fugiu da fazenda. Ninguém percebeu, todos estavam ocupados com outras coisas. Foi só na manhã seguinte que alguém percebeu a ausência do cachorro. Ninguém foi procurá-lo, pois todos esperavam que ele voltasse. No segundo dia, alguém o encontrou no túmulo do meu bisavô. O cachorro estava deitado em cima do túmulo fresco, estava morto.

É nisso que penso agora, enquanto ouço os cachorros latindo nas ruas aqui na França e, de repente, salto da cadeira. Sei agora o que devo fazer. Alguma coisa me empurra para fora, para o frio dessa noite de fevereiro.

Sem fazer barulho, sigo os corredores, desço pela escadaria e avanço pelos paralelepípedos do pátio. Eu respiro fundo, mas o que estou procurando não é o céu estrelado, não é o ar fresco, tenho certeza disso. Aproximo-me da sombra imensa da basílica, cujas janelas grandes nem se parecem mais com olhos escuros, mas como órbitas sem vida, sigo o muro e passo pela entrada lateral. Num impulso, giro a maçaneta. Normalmente, não sou o tipo de pessoa que fica se escondendo nas proximidades de uma igreja à meia-noite para ver se alguma porta está destrancada, mas me sinto como se já tivesse feito isso muitas vezes. Para a minha surpresa, a porta se abre e me convida a entrar. Sinto que estou no lugar certo e na hora certa.

Quando entro, encontro-me na escuridão completa na nave colateral da igreja. "Aqui é ainda mais noite do que lá fora", penso. Então, com passos lentos, entro na nave principal. De algum lugar vem uma luz fraca, talvez venha da lua, mas a luz não é o suficiente. Semicego, avanço tateando ao longo das colunas e dos bancos, até o fundo da igreja.

Estou no corredor central, no meio dessa construção romana, como que em uma barriga gigantesca. Como que em um esqueleto de uma baleia. Como que no meio de um ossuário, em um cemitério de elefantes. Ainda um pouco surpreso por ter conseguido entrar nessa construção e por não ter sido impedido por nada e nem por ninguém, dou alguns passos, paro, ouço o silêncio.

Maria Madalena – em algum lugar, eu tinha visto a estátua dela nesta igreja. Essa mulher, que também não tivera outra escolha senão ir até a escuridão do túmulo. Que tinha mantido sua fé, mesmo quando Jesus estava pendurado na cruz, mesmo quando Ele já tinha morrido. Uma mulher, para quem Jesus foi mais do que mera energia positiva, para quem Jesus foi redenção concreta. Depois da ressurreição, Maria Madalena quis tocar Jesus, ela ansiava pela realidade física, quis abraçá-lo, segurá-lo. A mensagem de Jesus não era de caráter moral, sua mensagem era a redenção por meio do perdão. Maria Madalena tinha vivenciado essa força e sabia que toda cura acontece pela via do corpo físico, por meio do perdão.

Durante toda a sua vida, ela tinha percebido que razão e língua não conseguem expressar o sentido último, nem mesmo uma energia difusa, por mais que ela brilhe e espalhe calor. Quando se tratava de Deus, do caminho para Deus que Jesus tinha mostrado a ela, quando se tratava da abertura para o mistério, toda língua começa a gaguejar. Ela sabia disso. Já que aquilo que realmente importa não pode ser expressado adequadamente em palavras, precisamos confiar nas entrelinhas.

Como em *Anima Christi*, essa oração antiga. Seus versos não são fáceis, alguns me são estranhos, outros eu não consigo entender completamente. Mesmo assim, considero *Anima Christi* uma oração poderosa. Sua força original se encontra nas entrelinhas porque tocam o intangível e indizível.

A basílica de Santa Maria Madalena me oferece muito espaço nesta noite. Tropeço por entre os bancos e entre as linhas, nem vejo onde estou exatamente.

Maria Madalena ficou. Por que eu fico? Tantos partiram. Alguns fracassaram, outros voltaram a viver uma vida mais ou menos normal. Todos tentam sobreviver. Alguns fazem carreira, têm um casamento maravilhoso e uma família simpática. Entre ex-padres existem todos os tipos de caminhos de vida. Como na vida real. Mas por que eu fico?

Eu não sei. Neste momento, eu não sei, mas isso já não me deixa mais inseguro. Conheço maridos que não conseguem explicar exatamente por que amam a sua esposa e por que ficam com ela. Eu não sei dizer. Talvez porque tenha um anseio que é maior do que as minhas perguntas.

Jesus não nos redimiu por meio de uma ideia espirituosa, nem por meio de uma nova filosofia, nem por meio de uma teologia abrangente, nem por meio de uma estratégia inédita. Não, Jesus nos redimiu por meio do seu corpo, de sua pele, de suas feridas, de seu suor e sua saliva. Por meio de sua respiração e do seu toque Ele libertou as pessoas de seu fardo. Sua proximidade curava, seu corpo era como um remédio divino. E por meio do corpo daquele que vinha até Ele, Ele curou sua alma e, por meio da alma, o seu corpo. Por meio de sua atenção e carinho, as pessoas recebem força psíquica e física. A pessoa marginalizada, a pessoa à beira do abismo, sentia uma força nova em seu corpo e em sua alma. Conheço pessoas que vivenciaram isso.

Neste momento, o que eu vivencio é o oposto, mas mesmo eu que não posso tocá-lo agora, eu anseio por Ele, e esse anseio me fascina. Ele me apoia.

Continuo tateando ao longo dos bancos, agora estou no corredor central e penso: farei igual ao cachorro do meu bisavô. Ficarei de vigília aqui, não irei embora. Permanecerei em seu silêncio, no qual ele não fala, junto ao seu túmulo, junto ao seu silêncio, junto à sua escuridão.

A igreja é fria e não tem sistema de aquecimento e, apesar de estarmos em fevereiro e os dias serem gélidos, sinto calor. Talvez porque finalmente tenha encontrado a solidão que sinto há dias, talvez porque me basta o cachorro do meu bisavô como exemplo e não finalmente eu não tenha que ser mais do que aquilo que sou – um padre que persevera – pelo menos isso e que continua, com um anseio enorme.

Sinto agora um forte acolhimento. Ele não muda o que fui e permite que eu seja o que sou, com a minha história, as minhas feridas, as minhas qualidades e o meu anseio por algo que nunca se esgota. É como se tudo se concentrasse dentro de mim. Estou aqui, concentrado diante de Deus, o invisível, tão diferente de tudo que conheço. Esse Deus que eu quero tocar, mas que não permite que eu o toque. Esse Deus que eu quero ouvir, mas que não fala. Esse Deus que quero ver andando à minha frente como o Mestre, mas cujo cajado eu não reconheço.

"Não me segure", diz Jesus a Maria Madalena. Percebo que eu também não devo me agarrar, que não posso segurar. Devo abrir mão do meu pai falecido, devo abrir mão da minha preocupação com a falta de noviços na nossa ordem, devo abrir mão das minhas suposições que criei na faculdade de teologia, devo abrir mão das minhas noções de Deus, devo abrir mão dos versículos que aprendi a amar e devo abrir mão das entrelinhas, devo abrir mão de mim mesmo.

Caiu de joelhos. Não tenho feito isso há eternidades, temendo que alguém pudesse me ver. Deito-me nas pedras gélidas do chão, com a cabeça voltada para o altar, os pés apoiados nas pontas dos dedos. Na posição igual à que assumi por ocasião dos meus primeiros votos e na mesma posição que assumi durante a minha ordenação ao sacerdócio. De repente, sinto uma gratidão enorme pela vida, pelo meu pai falecido, com o qual eu me pareço mais do que tinha pensado, sinto gratidão pela minha vocação, por todas as pessoas que me apoiaram e me sustentaram ao longo da vida. Sou grato por esse anseio insaciado por Deus. Permaneço aqui na presença dele, sem vê-lo, deitado no chão.

"Vigiai e orai", Ele disse aos seus discípulos. Por que eu faria diferente dois mil anos depois? Por que nós, os padres de hoje, deveríamos ter uma vida mais fácil do que os discípulos de Jesus, que não puderam acompanhá-lo em sua solidão, que perderam Jesus de forma violenta? Durante três dias, tudo que lhes restava era o túmulo. Vigiai e orai. Tudo bem. É o que farei. Estou prostrado no chão. Diante da escuridão, diante do silêncio sepulcral.

Aqui estou. *Adsum.*

Agradecimentos

Agradeço à senhora Esther Maria Magnis, que em numerosas conversas, exigiu de mim a coragem de ser sincero na escrita deste livro e não recorrer à retórica pastoral para me esquivar da verdade. As conversas com ela abriram os meus olhos mais uma vez.

Agradeço aos revisores da Editora Herder, cujas observações sempre me inspiraram. Foi um prazer trabalhar com eles.

Conecte-se conosco:

f facebook.com/editoravozes

⊙ @editoravozes

🐦 @editora_vozes

▶ youtube.com/editoravozes

🟢 +55 24 2233-9033

www.vozes.com.br

Conheça nossas lojas:

www.livrariavozes.com.br

Belo Horizonte – Brasília – Campinas – Cuiabá – Curitiba
Fortaleza – Juiz de Fora – Petrópolis – Recife – São Paulo

  Vozes de Bolso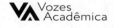

EDITORA VOZES LTDA.
Rua Frei Luís, 100 – Centro – Cep 25689-900 – Petrópolis, RJ
Tel.: (24) 2233-9000 – E-mail: vendas@vozes.com.br